高等职业教育"十二五"规划教材

航空服务类专业教材系列

民用航空法基础

赵旭望　秦永红　主　编

赵艳博　贺立萍
白文宇　张荣娟　副主编

科学出版社

北京

内 容 简 介

本书分为13章，以民用航空法的主要内容为基本框架，结合民航业发展的趋势和变化，系统阐述了法规的相关内容。本书概念明确、简明扼要，结构层次清晰。在大量通俗易懂的理论阐述基础上，较多地导入阅读材料进行说明和分析，每章后安排了思考与练习，引导学生思考，扩展学生的视野。通过本书的学习，学生能够对航空法规有全面系统的了解与认识。

本书可作为高职高专航空运输与服务类各专业的教材，亦可供相关专业培训使用。

图书在版编目（CIP）数据

民用航空法基础/赵旭望，秦永红主编. —北京：科学出版社，2013.1
（高等职业教育"十二五"规划教材·航空服务类专业教材系列）
ISBN 978-7-03-036244-5

Ⅰ. ①民…　Ⅱ. ①赵…　②秦…　Ⅲ. ①民用航空－航空法－中国－高等职业教育－教材　Ⅳ. ① D922.296.1

中国版本图书馆CIP数据核字（2012）第310422号

策划编辑：陈　磊/责任校对：刘玉清
责任编辑：唐寅兴/封面设计：艺和天下
责任印制：吕春珉/版式设计：金舵手

科 学 出 版 社 出版
北京东黄城根北街16号
邮政编码：100717
http://www.sciencep.com

铭浩彩色印装有限公司印刷

科学出版社发行　各地新华书店经销

*

2013年1月第 一 版　　开本：787×1092 1/16
2019年7月第十五次印刷　印张：11 1/2
字数：183 000
定价：32.00元
（如有印装质量问题，我社负责调换〈铭浩〉）
销售部电话 010-62134988　编辑部电话 010-62135120-8009（VZ02）

高等职业教育航空服务类专业规划教材
编写指导委员会

何　锋（三亚航空旅游职业学院）

张　燕（临沂大学）

张明明（哈尔滨职业技术学院）

张国艳（哈尔滨科学技术职业学院）

张胜华（四川工业管理职业学院）

张荣娟（辽宁现代服务职业技术学院）

陈红霞（江苏海事职业技术学院）

陈燕声（青岛求实职业技术学院）

岳继勇（河南信阳职业技术学院）

周红雨（山东商业职业技术学院）

周孟华（上海东海职业技术学院）

胡成富（陕西青年职业技术学院）

赵　影（海口经济学院）

赵永义（廊坊东方职业技术学院）

赵旭望（电子科技大学成都学院）

郭召德（山东信息职业技术学院）

费　寅（无锡南洋职业技术学院）

徐　飞（正德职业技术学院）

高　臣（辽宁现代服务职业技术学院）

黄　华（浙江育英职业技术学院）

符　明（海南职业技术学院）

梁　政（集宁师范学院）

韩昕葵（云南旅游职业学院）

董旭锋（西安航空旅游学院）

赖　斌（成都职业技术学院）

熊越强（桂林航天工业学院）

秘书组　陈　磊（科学出版社职教技术出版中心）

唐寅兴（科学出版社职教技术出版中心）

序

PREFACE

伴随着中国经济社会的发展和人力资源需求的变化，职教界积极应对经济发展的形势，促成了中国职教改革背景的产生。在教高 2006 年 16 号文件指引下，高职教育率先迈出了改革步伐，人才培养质量工程得以实施，基于工作过程的职教改革思想得以贯彻。随着一百所高职示范院校的建设成功，大量的教改成果和教改思想涌现出来，极大推动了全国高职教育的发展步伐。

高职教育的培养目标，是培养合格的高技能人才，即千百万从事生产、建设、管理、服务第一线工作的高素质技能型人才。原有的职业教育体制没有区分出科学研究型、工程设计型教育和职业技能型教育的特点，均以学科化讲授式的教育方式育人，导致学生的个性发展与未来岗位对其的要求难以吻合，职业教育培养出的人才需要在企业重新接受现场培训后才能上岗，且职业能力和职业素养发展参差不齐。为此，我国高职教育在借鉴世界职教先进国家的教育经验特别是近年对德国职教理念进行了较为深入的研究后，走上了一条具有中国特色的改革之路。改革的主导思想是：以岗位工作的各项要素为基础，以典型工作任务为整合能力目标和知识点组织教学内容，注重学生知识运用和解决问题、自我发展能力的培养；以任务驱动、项目导向的教学方式，替代原有的以课堂知识讲授引领的教学形式；强调学生职业岗位工作任务的胜任度。

高等职业教育"十二五"规划教材·航空服务类专业教材系列即是在这一背景下产生的。高职专业是对社会职业的概括和提炼，航空服务专业服务于民航业高素质服务人才培养的需要。本套教材系列紧密围绕职业教育培养目标，遵循职业教育教学规律，其选题以满足行业发展对高素质技能型人才的需求为出发点，做到"实用、适用"；内容选取对接企业实际工作任务中知识、能力、素质要求，涵盖了民用航空服务业主要工作岗位的人才培养需求；课程内容与行业从业标准相对接，在结构、内容及方法等方面进行了改革及创新。

本套教材系列既注重学生专业技能的培养，更注重职业素养的养成，同时关注行业先进技术在社会各领域中的应用；包括《民航基础》、《民用航空法基础》、《民航服务心理与实务》、《民航服务与人际沟通》、《民航英语基础教程》、《民航客运英语教程》、《民航乘务英语教程》、《民航国内客票销售》、《民航货物运输》、《民航旅客运输》、《服务礼仪》、《空乘职业技能与训练》、《机场服务》、《航线地理》、《形体塑造与展示》、《职业形象塑造》、《空乘口语与播音》、《饮食营养与卫生》、《航空服务营销》、《航空港概论》、《航空服务面试技巧》、《民航商务运输基础》、《民航运输生产组织》、《客舱安全与应急处置》、《航空保健与急救》、《民用航空法案例教程》。

本套教材系列体现工作过程导向，并符合高技能、应用性人才培养的目标和相关专业领域的职业岗位（群）的任职要求；内容设置科学实用，突出了针对性、适用性和创新性，为学生的可持续发展奠定良好的基础；在此基础上，把学生职业能力的培养和素质养成放在重要位置来考虑，满足职业性、实践性和开放性的教学要求。

本套教材系列设计独树一帜，目标定位准确；每本教材的内容以真实岗位工作任务为基础设计教学单元；每个单元中均设计了综合性的实训任务，以知识、能力、素质目标为主，配合知识要点、实训任务，穿插知识拓展、课堂练习，各章有小结。有关部分配备了可供教师扩展发挥的教学提示，以利不同专业教师选用、参考。

科学出版社先后两次召开有民航业资深专家、参编学校骨干教师、企业代表参加的审纲会，对本套教材的选题、选题内容、各选题的衔接以及编写体例进行了充分论证。本套教材的编者，既有在职教战线工作多年、直接参与了高职教育改革且具有丰富经验的资深教师，也有具备企业专业技术工作背景、又有丰富教学经验的双师素质教师。来自行业企业的领导和专家对本套教材进行指导。因此，本套教材融合了教育界的改革成果和企业界的专业技术，紧密结合行业标准和工作实际，与国家职业资格考试制度接轨，充分反映了目前高职教育改革的阶段成果，是编者们经验和高职示范院校教学改革成果的结晶。

本套教材系列的体系体现了目前高职航空服务类课程教改思想和理念，与旅游服务、民航运输的工作内容相连接，既代表了高端服务领域——航空服务的技术规范，又为相关各拓展领域专业的教学提供参考。

本套教材能够较好满足高职航空服务专业以及相关的空中乘务、民航运输等专业课程的教学需要，也可作为中职航空服务类课程教学和企业专项技能培训的参考资料。

高等职业教育航空服务类专业教材编写指导委员会

2011 年 10 月

前 言

FOREWORD

中国民航业立足于服务国家经济社会发展和改革开放大局，圆满完成了"十一五"规划确定的主要目标和任务，对此，中国民航局李家祥局长概括了7个特点：一是安全水平显著提升；二是行业规模显著壮大；三是发展质量显著向好；四是基础设施建设步伐显著加快；五是对经济社会发展的贡献显著增大；六是抵御风险能力显著增强；七是在国际民航的地位显著提高。

中国民航局提出了建设民航强国的战略任务，即坚定不移地实施"两步走"的战略步骤：第一步是全面强化基础阶段，从现在起到 2020 年，伴随着国家全面建成小康社会，民航强国初步成形；第二步是全面提升飞跃阶段，从 2020 年到 2030 年，在第一个 10 年的基础上再经过 10 年努力，全面建成安全、高效、优质、绿色的现代化民用航空体系，建成世界公认、可堪自豪的民航强国。

展望"十二五"，预计我国民航仍将保持快速发展的态势，全行业的投资规模将在 15 000 亿元以上；到"十二五"末期，旅客运输量将达到 4.5 亿人次；运输机场的数量将达到 220 个以上；机队规模在 4500 架以上，特别是通用航空飞机数量会有较大增加。民航服务于国家经济和社会公众的能力将进一步增强。中国民航全行业要更加主动地发挥民航在加快经济发展方式转变、促进经济结构调整等方面的重要作用，扎扎实实推进建设民航强国的三大战略，即持续安全战略、大众化战略、国际化战略，实现由民航大国向民航强国的历史性跨越。

未来的 20 年是中国民航前所未有的黄金时代，也是民航教育大发展的黄金时代。当前，人才问题依然是制约民航发展的瓶颈之一，从今后长期的发展来看，民航对各类人才的需求还将持续一个相当长的时期。

在民航教育的三大主力专业（飞行、机务、航空服务）中，行业需求最大、队伍更新最快、知识结构最宽的是航空服务专业。在高职院校航空服务专业的课程体系中，民航法律法规是专业基础课程之一。为了满足教学的需要，我们组织了几位多年从事这门课程教学的专业教师编写了本书。

《民用航空法》是全国人大通过的国家大法之一，是民航法律体系的龙头。其内容涵盖了民航行业的各个基本方面。由于《民用航空法》本身特具的独立性、综合性、国际性，本书在基本框架设计上也力求体现这些特点。因此本书以该法的主要内容为基本框架，结合民航行业发展的新情况、新变化，有侧重地论述了相关章节，较多地导入阅读材料和案例进行说明和分析，同时有针对性地提出全民关注的民航热点问题，以引导学生思考，扩展学生的视野。

本书强调民航法基础知识的简洁适用，力图避免繁冗的条文解释；注重行业知识在法律背景下的综合应用，尽量减少行业常识及与其他相关课程重叠的内容。本书不注重学术性而强调常识性和各章的相对独立性。阅读材料和经典案例是课堂教学的重要部分，授课教师可以采取灵活的方式根据实际情况自行增加、扩展或减少相关内容。

本书由赵旭望、秦永红任主编，赵艳博、贺立萍、白文宇、张荣娟任副主编。具体编写分工：赵旭望编写第 1 章、第 2 章、第 3 章、第 11 章和第 12 章；白文宇编写第 4 章；张荣娟、贺立萍编写第 5 章、第 6 章和第 7 章；赵艳博编写第 8 章和第 9 章；秦永红编写第 10 章和第 13 章。赵旭望进行了本书的终稿工作。

尽管编者做出了许多努力，但受限于能力和水平，难免有不当及错漏之处，恳请各位同仁在使用过程中给予批评指正，并将意见和建议及时反馈给编者（主编邮箱 sx3339@163.com），以便及时修正。

本书在编写过程中，参考了国内相关的专著、论文及部分网站的相关文章，在此一并向相关的作者表示衷心的感谢！

目 录

CONTENTS

第1章 绪 论

民用航空业是国家综合交通运输体系的重要组成部分，是国民经济的先导性基础行业。民用航空的发展，是国家现代化的重要标志和社会进步的重要窗口。我国的民航事业始于1910年，经过一个多世纪的曲折、断续和最近20年的快速发展，服务能力不断提升，安全水平不断提高，行业规模不断扩大，已经成为世界第二大航空运输系统，即使我国成为仅次于美国的世界第二航空大国，并正在向着世界航空强国发展，为我国改革开放和社会主义现代化建设做出了突出贡献。

1.1 中国民航法制建设

1.1.1 民用航空法体系

航空活动是航空法的基础，航空立法对是航空活动的规范化和法律化。航空法的产生和发展与航空活动的产生和发展是密切相关的。

我国民航的法制建设从零开始，艰难发展到现在，已经建立起初具规模的由法律、行政法规、规章 3 个层次构成的民用航空法体系，并实现了相关法律制度的正常运转。

以 1995 年 10 月 30 日第八届全国人大常委会第十六次会议通过的《中华人民共和国民用航空法》（以下简称《民用航空法》）为龙头，建立的以其为核心的内容较齐全、层次较分明、比较配套的民航法律、行政法规、规章体系覆盖了行政规则、航空器、航空人员、空中交通管理、运行规则、运行合格审定、机场、经济与市场管理、航空安全信息与事故调查、航空安全保卫等民航业的所有领域。在《民用航空法》的统领下，民航行政法规对于民用航空活动做了进一步的规范，而民航规章对于保障民用航空安全、规范民用航空活动各主体间的权利、义务方面发挥了重要作用。

尽管我国民航法制建设取得了很大的进展和成效，但与我国快速发展的民航事业相比较，还相对滞后，离市场经济和行业发展的客观要求还有相当的差距，与世界上先进的航空国家相比较，还相对不足。

1.1.2 中国民航的法制建设最重要的原则

中国民航的法制建设一直坚持并遵循着一个最重要的原则——安全是民航工作的重中之重，民航安全保障则是建立和完善我国民航法规体系的首要任务。因此，以安全管理为重点成为我国民航法律体系的重要特点。《民用航空法》直接涉及民航安全管理的内容共有 4 篇，包括民用航空器适航管理、航空人员执照、民用机场建设与使用、空域和飞行保障。此外，公共航空运输企业许可制度、救援和事故调查等内容也与民航安全相关。《中华人民共和国民用航空器适航管理条例》（以下简称《民用航空器适航管理条例》）、《中华人民共和国飞行基本规则》、《中华人民共和国民用航空安全保卫条例》（以下简称《民用航空安全保卫条例》）等行政法规进一步突出和强化了安全管理的内容。而在民航规章层面，注重民航安全管理的可操作性，无论是数量还是所规范的内容，均在民航规章中占据主要地位。

1.1.3 中国民航的法制建设与国际接轨

随着改革开放的不断深入发展，以及民航对外交流的不断扩展和深化，中国民航的法制建设的内容和形式也由零散、单一和粗浅逐步发展到同国际接轨。例如，西方主要航空发达国家在第二次世界大战以后逐步建立并发展完善了针对民用航空产品的适航管理制度，从而使其所经营从事的航空运输业的安全记录得到很大的改善。而我国 30 年前的适航管理制度还很不完善，有些规定与国际通行做法存在差异，在相当程度上处在孤立的发展中，存在很多问题，对飞行安全产生了极大的影响。随着时代和民航的发展，集高新科技于一体的航空产品，其设计、制造乃至使用、维修不可避免地进入国际大循环中。在经过充分研究、消化吸收国际经验的基础上，我国政府确定要和国际接轨，研究制定了《民用航空器适航管理条例》。在《民用航空法》的覆盖下，我国适航系统按照国家法律法规系统的规划，制定了相应的适航规章体系。30 多年来，这一体系不断得到充实和完善，至今已发展成为和国际完全接轨的、比较统一全面的适航规章体系之一。

民用航空器作为高速的交通工具，在给世界各国人民的出行带来便利的同时，也带来了领空主权、空中交通服务与安全、不同国籍旅客的权益保障、航空保安的国际合作等法律问题。这些问题在国际民航组织的努力下大多已经找到了解决途径，具体体现在《国际民用航空公约》（即1944年的《芝加哥公约》）、《关于在航空器内的犯罪和某些其他行为的公约》（即1963年的《东京公约》）、《统一国际航空运输某些规则的公约》（即1999年的《蒙特利尔公约》）等多边法律文件中。我国批准或者加入的国际民航公约对于我国具有法律约束力，我国民航法中的某些条款与这些公约的规定基本一致。对于我国尚未批准或者加入的公约，其中有些内容与我国的法律规范不冲突且内容合理的部分，我国的民航法也予以吸收，如《关于外国航空器对地（水）面上第三人造成损害的公约》（即1952年的《罗马公约》）关于对地面第三人损害的赔偿责任的规定等。

1.1.4　立法工作机制不断创新，立法工作程序更趋规范

在30多年的民航法制建设的过程中，立法工作机制不断创新，立法理念日趋成熟、科学，立法工作程序更趋规范。草案公开征求意见已成常态，专家论证会已成惯例，整个民航法制建设更透明、更规范、更成熟。例如，2008年3月，国务院法制办公室全文公布《中华人民共和国民用机场管理条例（征求意见稿）》，其主要内容包括运输机场的建设、运输机场的安全和运营管理、运输机场航空燃油供应管理、民用机场净空和电磁环境保护等几个方面，公开在全国范围内征求意见，并明确指出了意见反馈的具体渠道。

随着民航事业的发展和民航改革的深化，为使民航法及民航行政法规、规章与新的时代形势相适应，且更细致完备，中国民航局政策法规司等部门加强了法规和规章的立改废研工作。中国民航局也展开了《民用航空法》的修订工作，成立了《民用航空法》修订领导小组及其办公室，明确了任务分工，并开展了一系列的调研工作。

1.1.5　中国民航的法制建设在不断完善中持续发展

现在，我国民航已经建立了具有中国特色、适应社会主义市场经济要求并与国际全面接轨的民航法律体系，各类法规、规章比较齐全，全行业依法行政、依法生产、依法经营、依法管理。在完善立法工作的基础上，中国民航局进一步完善行政执法制度体系，加强执法监督工作。因此，中国民航局逐步建立起了一支知识化、专业化、精通执法、熟悉政策法律的执法监督队伍，加强了行政执法监督制度的建立和完善，初步构筑了一个完整、系统的中国民航行政执法监督体系。

《中国民用航空发展第十二个五年规划》提出了国家战略保障、法律规章保障、政策资金保障、行业文化保障和组织实施保障5个方面的保障措施。我国民航的法制建设一定会在不断完善中持续发展，并将对我国民航的发展产生更加深远的影响。

1.2　中国民航法制建设的历史沿革

法律是一定经济基础的上层建筑。随着民用航空的发展，必须制定与之相适应的航空法律。

1.2.1　新中国成立之前

北洋政府在 1919 年筹办航空事宜时曾拟具航空条例草案，1921 年成立航空署后，先后公布了《京沪航空线京济运输暂行规则》、《京济间载客暂行章程》、《飞机乘客应守规则》、《招商代收及接送客货暂行办法》。当时的中国政府没有加入 1919 年巴黎《空中航行管理公约》。

南京国民政府在 1935 年 1 月 19 日颁布了《外国民用飞机进入国境暂行办法》；1941 年 1 月 18 日颁布了《空中交通规则》和《航空无线电台设施规则》；1947 年 1 月 20 日成立了交通部民用航空局，并陆续颁布了《民用航空驾驶员检定给照暂行规则》、《民用航空人员体格标准暂行规则》、《空中交通暂行规则》、《民用航空器登记暂行规则》、《民用航空器标志暂行规则》、《空中交通管制员检定给照暂行规则》、《航空器灯光及目视信号规则》、《民用航空器适航证书请领规则》等法规。在国际航空法方面，当时的中国政府于 1929 年派代表参加并签署了《统一国际航空运输某些规则的公约》（即 1929 年《华沙公约》），但未予以批准；1944 年派代表参加了国际民用航空会议，签署了 1944 年《芝加哥公约》，并于 1946 年 2 月 20 日送交了批准书。

1.2.2　新中国成立到改革开放之前

1949 年 10 月 1 日，中华人民共和国成立，中华人民共和国政府成为中国唯一合法政府。在这之前，即 1949 年 9 月，中国人民政治协商会议第一届全体会议通过的《中国人民政治协商会议共同纲领》（以下简称《共同纲领》）第十七条明确规定："废除国民党反动政府一切压迫人民的法律、法令和司法制度，制定保护人民的法律、法令，建立人民司法制度"。《共同纲领》实际上具有临时宪法作用，从而开创了新中国的法律制度。

1950 年 11 月 1 日，中央人民政府革命军事委员会颁布《中华人民共和国飞行基本规则》，中国民航总局公布《外国民用航空器飞行管理规则》；1951 年 4 月 24 日，中央财政经济委员会颁布《铁路旅客意外伤害强制保险条例》；1951 年 5 月 24 日，政务院公布《进出口飞机、机员、旅客、行李检查暂行通则》。这些都是新中国成立后早期颁行的航空法规。此后，中国民航总局根据航行、维修、商务等业务工作的需要，制定了有关的条例、规定、规则、细则、条令、办法、规程、手册等规范性文件，加强了我国民航的规章制度建设，为我国民航的发展起到了积极的作用。

但鉴于当时的历史条件，我国民航并未走上法制道路。以 1978 年为例，全行业的运输总周转量、旅客运输量和货邮运输量分别为 2.99 亿吨公里、230 万人次和 6.38 万吨，航空运输总周转量世界排名仅为第 37 名。民航旅客周转量在国家综合交通体系中的比例仅为 1.6%，整个行业的影响力十分微弱。在这种情况下，运输过程中出现的问题通过行政手段很容易就得到解决，立法的迫切性在当时显得并不是特别强烈。只有一些简单的立法工作，民航规章制度较为零散、粗浅，并且存在依靠行政手段管理、政企不分的管理方式以法的形式出现的现象。即使不断有一些新的法规规章，其中很多仅仅是把那些不符合发展要求、沿袭原有陈旧观念的管理规定"新瓶装旧酒"，立法工作缺乏规范性和严肃性。

当时的民航规章制度都是以"红头文件"形式下发，且大部分规定直接来自空军。例如，民航飞行人员的体检标准是直接执行空军飞行人员体检标准，空中乘务员是执行空降兵体检标准。由于军、民航空活动的任务、环境、机型不同，空军标准明显严于民航标准，且在管理上与国际民航组织标准的差异很大，致使当时民航体检停飞率非常高。因此，这不止是一个行业管理的问题，更关系到整个民航的安全形势。

1.2.3　改革开放之后

邓小平同志曾明确指出："我们国家缺少执法和守法的传统，从党的十一届三中全会以后就开始抓法制，没有法制不行。"

1979 年 4 月 4 日，中央决定制定中国航空法。从此，中国民航总局成立航空法领导小组和起草小组，设置了法制机构，我国民航步入法制建设的轨道。

1979 ~ 1995 年的 16 年期间，除研究起草和反复修改航空法草案之外，中国民航总局还起草或修订发布了关于民用航空的行政法规 11 部，民用航空规章近 100 个，以及大量的规范性文件。我国民航法制建设成绩显著。

1995 年 10 月 30 日，第八届全国人大常委会第十六次会议通过了《民用航空法》。这是我国第一部规范民用航空活动的法律，标志着我国民航法制体系的基本确立，使我国民航法制建设步入了崭新的阶段。同年，中国民航总局提出"依法治理民航"的要求。

1998 年，中国民航总局继续推行依法治理民航战略和科教兴业战略。经第九届全国人大常委会第五次会议审议批准，关于制止国际机场非法暴力行为的《1998 年蒙特利尔议定书》在我国生效。中国民航总局制定和颁布了《中国民用航空飞行人员训练管理规定》、《中国民用航空空中交通管制员岗位培训管理规则》、《中国民用航空快递业管理规定》、《民用机场使用许可规定》和《民用航空器国籍登记规定》等 9 部民航法配套规章，安全管理和市场管理等方面的法规制度进一步完备。

"九五"期间，中国民航总局还代表我国政府参加了国际民航组织的法律工作会议，并签署了新的《华沙公约》，为我国民航走向国际创造了良好环境。

2002 年 4 月召开的全国民航法制工作会着重强调了政府加强法制建设的重要性，要求全面推进依法行政工作。几年来，各管理局均设立了专职法律工作部门，配备了专业法制工作人员，依法行政水平不断提高。

2005 年 2 月 28 日，第十届全国人大常委会第十四次会议审议并通过了 1999 年《蒙特利尔公约》，该公约从 2005 年 7 月 31 日起对我国正式生效。该公约是对先前华沙体制各种文件的统一，并创设了许多新制度，实现了运输规则和责任制度的现代化。该公约对我国的生效有助于我国民航运输业与国际接轨，也有助于我国国内航空法律逐步与世界接轨。

2006 年 2 月，中国民航总局发布了《国内航空运输承运人赔偿责任限额规定》，并于 2006 年 3 月 28 日起正式施行。该规定将承运人对每名旅客的赔偿责任限额由过去的 7 万元人民币提高到 40 万元。

截至 2007 年年底，全国人大、国务院和中国民航总局共颁布民航法律 1 部、行政法规 29 部、规章 140 多件，与 95 个国家签订了双边航空运输协定，与 15 个国家草签了双边航空运输协定。国际上已有的国际民航条约及议定书共 42 个，我国先后签署、批准了 20 多个。所有的这些构成了初具规模的民航法律、行政法规和规章体系。为适应我国加入世界贸易组织和民航深化体制改革的新形势，新的法律法规不断颁布实施，中国民航总局也在积极抓紧进行规章的清理工作。

随着我国主要法律制度（《中华人民共和国立法法》《中华人民共和国行政处罚法》等）的陆续颁布和民航体制改革的进一步深化，当初民航法律体系建立的环境已经发生较大的变化。因此，从 2001 年起，中国民航总局开始了对《民用航空法》的修订拟稿工作，以适应不断变化的国际、国内民航业界的新形势。

"十一五"期间，民航法制工作的任务主要是建立完善的、既符合国际通行规则又符合我国实际的民航法规体系，形成权责统一、程序规范、监督有力的民航立法、执法和执法监督制度。行政机构做到依法行政，企业、机场做到依法经营，全行业实现有法可依、有法必依、执法必严、违法必究。仅在"十一五"期间，中国民航局就颁布了《国内航空运输承运人赔偿责任限额规定》和《民用机场管理条例》2 部行政法规，另有 2 部行政法规上报国务院审查。"十一五"期间，中国民航局共出台规章 44 部。

1.2.4 中国民航的法制建设现状

中国民航的法制建设已经取得了很大的成绩，但是离市场经济、民航深化改革和行业快速发展的客观要求还有较大的差距，其具体表现：在民航安全生产的相关法律法规方面比较完善，但空防安全管理和经济管理的立法工作相对滞后；有些法规规章中的条款已不符合民航的现实情况；有些法规规章过于原则化，缺乏可操作性。因此在"十二五"期间，要及时制定、修改有关的法规规章，着力推动《民用航空法》的修订工作；要深入研究民航改革发展中出现的新情况、新问题，借鉴国内外其他行业的做法，从确保航空安全、保护航空消费者利益的角度，进一步完善民航的相关法律法规。

总之，民航法制建设是民航适应社会主义市场经济的必然要求，是一个不断完善创新的漫长过程，不断完善的法制建设必将有力保障民航事业的不断发展。

1.3 《民用航空法》及其主要特点

《民用航空法》分为"总则"、"民用航空器国籍"、"民用航空器权利"、"民用航空器适航管理"、"航空人员"、"民用机场"、"空中航行"、"公共航空运输企业"、"公共航空运输"、"通用航空"、"搜寻救援和事故调查"、"对地面第三人损害的赔偿责任"、"外国民用航空器的特别规定"、"涉外关系的法律适用"、"法律责任"和"附则"16 章，共 213 条，是宣告国家领空主权，规范民用航空的行政管理和民商关系，并规定了行政处罚和刑事处罚的重要法律，涉及面相当广泛。

1.3.1　立法宗旨

为了维护国家的领空主权和民用航空权利，保障民用航空活动安全和有秩序地进行，保护民用航空活动当事人各方的合法权益，促进民用航空事业的发展，制定本法。这是《民用航空法》第一章第一条的规定，开宗明义地讲明了立法的宗旨。

1.3.2　立法原则

民用航空活动是现代社会中不可缺少的组成部分，涉及的法律关系十分复杂，并具有国际性强的特点，应尽可能采用国际通行做法，因而起草《民用航空法》遵循了下列原则。

1. 适应社会主义市场经济体制需要的原则

借鉴国际航空立法的经验，坚持纵向的行政管理法律规范与横向的民商法律规范并重，对民商法律关系做了较多规定，以便有效地保护参与民用航空活动有关各方当事人的合法权益。

2. 适应改革开放实际需要的原则

坚持改革开放是中国共产党的"一个中心，两个基本点"的基本路线的重要组成部分。根据民用航空活动国际性强的特点，从我国的实际出发，尽可能地采用了国际航空法律规范，以便我国的民用航空法律制度与国际通行的规则接轨。

3. 确保民用航空活动安全和有秩序地进行的原则

航空运输工具的速度快，风险大，技术要求高，因而《民用航空法》强化了安全管理规范，将安全管理置于民用航空行政管理的首位。

4. 与国家其他法律相互衔接、协调配套的原则

《民用航空法》是一部规范民用航空活动的重要法律，在原则上协调了民用航空与军用航空的关系，是我国航空法律体系（子系统）的核心部分，又是整个国家法律体系（母系统）的组成部分，因而在国家其他法律中有明确规定的，《民用航空法》不再重复规定，而应援引这些法律规定。《民用航空法》对一些事项只做了原则性规定，而明确授权国务院和中央军事委员会做出具体规定，并授权国务院民用航空主管部门根据法律和国务院的决定，在本部门的权限内，发布有关民用航空活动的规定、决定，从而使我国航空法律体系形成法律、行政法规和规章 3 个层次，组成相互衔接、协调配套的有机统一整体。

1.3.3　立法意义

《民用航空法》是新中国第一部全面规范民用航空活动的法律，是我国民航发展历史的重要里程碑。实施《民用航空法》，推行"依法治理民航"战略，大力加强民航法制建设，促进了我国民航事业在新时期持续、快速、健康地发展。

1.3.4 《民用航空法》的主要特点

1. 突出和强化了安全管理的内容

民航安全的保障，取决于航空器的适航性能、飞行员及其他航空人员的素质与技术条件、机场、地面设备和空中交通管制等各种因素及其相互配合。《民用航空法》用了 5 章的篇幅来规范安全管理，即航空器适航管理制度、民用航空企业许可证制度、飞行管理和飞行保障制度，其中大部分都是强制性条款。对公共航空运输和通用航空也专门做了规定。同时，为严厉惩治劫机和其他危害飞行安全的行为，还做了依法追究刑事责任的规定。上述法律规定，对保障飞行安全具有重大意义。

2. 在规范民航业行政管理的同时，注重了民商法律规范的建立和完善

行政管理和民商关系涉及很复杂的法律内容。《民用航空法》对保护航空承运人、旅客、货物托运人和地面第三人等与民用航空活动有关的各方当事人的合法权益，以及应该履行的义务与违反义务应承担的责任，都有明确的规定。这些权利、义务、责任原则的确立，符合《中华人民共和国民法通则》（以下简称《民法通则》）对高速运输工具等所确立的制度，也与世界上大多数国家的规定一致。这些责任制度的建立，对保护当事人的合法权利、维护航空运输合同的严肃性是十分重要的；对促进航空运输业加强内部管理，进一步强化为旅客、货主服务的意识，改善服务工作，以及提高服务质量也是十分重要的。

3. 与国际通行的法规接轨

《民用航空法》根据民用航空活动国际性强的特点，妥善处理与有关国际公约的关系，使我国的民用航空法律制度与国际通行的法规接轨。《民用航空法》的涉外性很强，既要满足建立具有中国特色社会主义市场经济的航空运输市场的需要，又要区别对待当时已有的 20 多个国际航空公约，尽可能汲取其经验和精华。因此，对国际公约按以下 4 类情况做了区别处理。

第一类是我国已批准或者加入的公约，如 1994 年的《芝加哥公约》、1955 年的《海牙议定书》、1963 年的《东京公约》和 1971 年的《蒙特利尔公约》等，这类公约对我国具有法律约束力。《民用航空法》中的有关条款与这类公约的规定基本上一致。

第二类是我国尚未批准或者尚未加入，但是其内容合理，且与我国现行政策不相抵触的公约，如《国际承认航空器权利的公约》（即 1948 年的《日内瓦公约》），《民用航空法》吸收了这类公约的基本内容，有助于健全、完善我国民用航空法律制度。

第三类是我国目前尚未批准或者尚未加入，其部分与我国实际情况不符或者与我国现行政策尚有抵触，但其中某些部分是正确、合理的，代表了国际民用航空立法的发展方向的公约，如 1952 年的《罗马公约》、1971 年的《危地马拉议定书》等，《民用航空法》有选择地吸收了其合理成分。

第四类是其他公约，其调整对象是航空器扣押、航班飞行运价程序等，虽然各有一定的重要性，但是鉴于这些公约所调整的问题一时还提不上我国的议事日程，《民用航空法》未予吸收。

以上对国际公约的处理，体现了我国《民用航空法》立法内容、立法技术的严肃性和成熟性。

4．比较现实地解决了民用航空与军用航空之间的关系

任何国家的航空法，都必须妥善地规范民用航空与军用航空之间共同使用空域和统一的空中交通管制系统的行为准则。《民用航空法》第七章的规定比较现实地处理好了军用航空与民用航空之间的关系，并为后来的深化空中交通管制体制改革提供了法律依据。

5．以法律形式进一步肯定和明确了民航工作的总体要求

中国民航局从民航的实际出发，集中广大干部职工的智慧，提出了"三句话，八个字"、"一严两抓"的民航工作总体要求，随着实践的检验和时间的推移，已在全行业形成了共识和统一行动。总体要求中的"三句话"（安全第一，正常飞行，优质服务）是我国民航任何时候都必须认真贯彻的总方针，"八个字"（团结、求实、创新、廉洁）是新形势对民航作风的新要求，"一严"（严字当头）是民航性质和现代化管理的必然要求，"两抓"（深化改革，抓好整顿）是民航发展的动力和对策。民航工作总体要求的基本内涵通过立法得到充分体现，对民航广大干部职工更具鼓舞和鞭策作用。依法贯彻民航工作总体要求，民航广大干部职工的责任更大，对其要求也就更高了。

1.3.5 民航法规的制定程序

中国民航局作为国务院的直属机构，负责大量的行政管理、技术管理和业务管理工作，特别是民用航空活动具有国际性强的特点。根据《中华人民共和国宪法》（以下简称《宪法》）和相关法律的规定，中国民航局具有制定、发布有关民用航空活动的规定、决定的权力，这对于中国民航局履行国务院和法律赋予的职权、提高管理效能是必要的。

中国民航局制定民航规章的程序如下。

1．规划

民航立法规划即我国民用航空的法制机构根据国民经济和社会发展五年规划规定的任务和民航事业的发展状况而编制的五年规划和年度计划。其主要内容包括在一定时间内对法规、规章的拟定、修改、补充和清理等工作。编制立法规划通常由中国民航局各有关厅、司、局分别提出关于本部门业务的立法项目建议，由法规部门通盘研究，综合协调，拟定规划和计划草案，报中国民航局领导批准实施。若属于应经国务院审议发布或批准的法规的立法规划和计划，还必须报国务院审定。

2. 起草

起草指对列入规划、需要制定的民航法规进行草拟的活动。起草工作由中国民航总局各主管业务司局分别负责或组成专门小组负责。草拟的法规应包括立法的目的、根据、适用范围、主管单位、解释权、施行日期等内容。

3. 审议

审议就是对已列入议事日程或会议议程的民航规章草案进行正式审查、讨论。审议的内容包括民航规章是否必要、可行，是否稳定和严肃，语言是否规范等。民航规章由局长办公会议审议通过，由局长签署发布或由局长审批直接发布。

应送交全国人大常委会或国务院审议的法律草案、行政法规草案，由中国民航局局长签发上报国务院。对草案中与有关部门协商未取得一致的意见，也要一并上报。

4. 发布

法规的发布指通过的法规必须公之于众。发布是法规生效并得以实施的前提，也是制定法规必经的最后步骤。

民用航空规章以中国民航局令的形式发布。中国民航局与其他部门联合发布的行政规章，由中国民航局局长与有关部门主要领导人联合签署，以中国民航局和有关部门令共同发布。有一些行政法规是由国务院批准、中国民航局发布的。

规章发布后一般刊登在《中国民航报》上。

1.3.6 《民用航空法》是必修课

民航的工作直接关系到党和国家的形象，直接关系到人民生命财产的安全，直接关系到改革开放和经济建设的大局。民用航空业具有公用性和生产服务性，并且整体关联性特别强，国际性特别强，因此对员工的个体素质和整体员工的综合素质要求都很高。

对于民航的员工，尤其是民航中高级管理人员，《民用航空法》是必修课，并且是其整个职业生涯的必修课，因此必须学好《民用航空法》及其配套法规，特别要熟悉自己职责范围内的有关法规，增加法律意识，提高法制素质。

法制素质是民航员工综合素质的基本素质之一。提高民航员工的法制素质是必须长期坚持的基本工作。

阅读材料

最大限度发挥政策引领和法律规范作用（节选）

目前，我国民航基本上形成了一套完整的法律法规和规章体系，其中包括 1 部法律、26 部行政法规和法规性文件及 118 部民航规章，建立了包括 6 部规章、5 部规范性文件和1套行政执法手册在内的民航行政执法制度体系，行政许可、行政检查、行政处罚等行政执法行为体系基本形成。事前审定许可、事中监督检查、事后调查处理的执法制度基本建立。可以说，目前我国民航行业运行、行业监管基本上做到了有法可依。

经过多年不懈的努力，目前民航业已经建立了一支1628人规模的监察员队伍，覆盖了行业运行的全部专业种类，是落实监管责任的主要力量，在推动行业的安全正常运行上发挥着十分重要的作用。

尽管民航业已经建立了这样一支监察员队伍，但仍不能满足行业发展的需要。这主要表现在两个方面：一方面是人员的总量不足，结构上不尽合理；另一方面是监察员自身能力建设的不足。民航业具有高技术、高风险的特点，对监管人员提出了非常高的要求。一名合格的监察员不仅需要熟悉法律法规，懂得依法行政的各项要求，而且还要对所监管的专业领域有非常深入的了解。行业快速发展所伴生的技术快速更新，又给监察员提出了知识更新的要求。

正是由于监察员数量和能力建设两个方面的不足，因此而带来的法律、行政法规和规章的执行力不足的问题已经显现。在当前我国民航已经基本形成了相对完整的法律、行政法规和规章体系的情况下，民航领域出现的各种安全问题的根本并不在于规章的缺失，而是规章的不落实。如果违反规章成为一种常态，安全一定是没有保证的。

当然，法律、行政法规和规章的修改完善一定是一种持续的工作，必须随着行业的进一步发展和新技术的不断应用而及时地调整。规章的制定、修改是一个动态平衡的过程，要综合考虑稳定性和适应性之间的关系，不可顾此失彼。

今后，要通过政策引导行业科学发展，通过改革完善行业运行机制，通过立法规范行业运行秩序，通过执法确保行业依法运行。在政策引导上，要探讨政策的形成机制，引导行业发展；在体制改革上，要以理顺和完善民航管理体制机制为重点，推动行业持续安全发展；在法制建设上，要以加强监察员队伍建设为切入点，加强执法能力建设。

这就要求我们在"十二五"期间开展立法后的评估工作，提高立法质量。建立立法后的评估制度，作为衔接规章制定前的立法审查和规章出台后的立、改、废工作的中间环节，可以有效地协调立法工作的全过程，形成对立法工作的闭环管理。通过建立对规章合法性、合理性、可执行性和有效性的持续评估和改进的机制，逐步提高民航立法工作的质量和效率。

我国民航参与了大量国际民航组织有关国际航空法律的活动，积极主张和坚持国家利益，提升了我国民航在国际民航中的地位，拓展了我国民航的发展空间。

2010年，国际民航组织航空保安公约外交大会在北京召开，并签署了《北京公约》和《北京议定书》。这是首次以我国城市名称命名的民航方面的国际公约和议定书，具有深远的历史意义，表明了我国民航在国际民航事务中的地位和作用日益增强。我国还将通过国际民航组织，敦促各国尽快签署、批准2010年《北京公约》和2010年《北京议定书》，使该公约和议定书成为国际条约史上成功的典范，为维护航空运输健康发展发挥作用，并通过公约和议定书的成功进一步提升我国在国际社会尤其是民航领域的影响力。

行业规模的不断扩大，民航与国民经济、地方发展、民众生活联系的日益紧密，都对行业管理效能提出了更高的要求。民航业长期处于高速发展过程，新情况、新变化多，因此行业管理的政策法规的研究、制定、完善的工作量大。

针对李家祥局长提出的落实企业安全生产主体责任的要求，我们进行了积极的跟踪研究，注意在合法的范围内加大对违法行业的惩处力度。一方面，根据情况分别向检察院、公安部门、纪检监察部门和国家安全部门移送涉嫌犯罪案件，在确保国家法制统一的同时，加大对行业违法行业的打击力度；另一方面，注意在立法环节上加大规章的处罚力度。在正在起草的规章中，尝试引入对法人和企业负责人的双罚制，将主体责任法制化。

"十二五"期间，政策法规工作将以实现民航强国战略为基本理念，以保证安全为工作中心，以最大限度地发挥政策的引领作用和法律的规范作用为政策法规工作的出发点和落脚点，进一步完善民航法规体系，提高民航行政执法水平，推动民航体制改革进程，加强民航政策的研究力度和世界旅游组织工作的参与力度，规范民航社团管理和航空器权利登记工作，开创民航政策法规工作的新局面，推动民航安全和发展水平更上一个台阶。

（资料来源：http://editor.caacnews.com.cn/2011zl/zlfangtan/2011052301/mz.asp）

【引发思考】

为什么说我国目前民航行业运行、行业监管基本上做到了有法可依？

阅读材料

两航公司案

【案情】

在中华人民共和国成立前夕，1949年9月，国民党当局下令属于国家所有的中央航空公司的40架飞机飞往香港。中华人民共和国成立后，在香港的中央航空公司的中国职员宣布起义并准备将其所控制的飞机归属于新中国。11 月 12 日，中华人民共和国政府宣布中央航空公司及其财产为中华人民共和国所有。12 月 12 日，台湾的国民党当局将中央航空公司的这批飞机卖给两个美国人，这两个美国人又将飞机卖给美国民用航空公司。1950 年 1 月，英国承认中华人民共和国政府是中国法律上的政府。当中央航空公司准备移交飞机时，该公司的中国职员认为这批飞机是中华人民共和国的财产，反对移交给美国民用航空公司。于是美国民用航空公司将其起诉至香港最高法院，请求宣布这批飞机的所有权属于他们。

【判决及其依据】

香港最高法院驳回了原告的请求，认为这些飞机属于中华人民共和国政府的财产，因为国民党当局在 1949 年 12 月 12 日的地位已使其不能有效地进行这笔交易，其本身已经没有这个权力；英国政府承认中华人民共和国政府为法律上的政府，承认的溯及力已使这批飞机在出卖时是中华人民共和国政府的财产，国民党当局无权进行这笔交易。原告不服，并上诉至香港上诉法院，同样被驳回，于是又上诉至英国枢密院司法委员会。司法委员会不顾中国反对，准予上诉，并于 1952 年 7 月 28 日做出终审判决，将这批飞机判给美国民用航空公司。

枢密院认为，在英国政府正式承认中华人民共和国政府之前，仍继续承认原国民政府是中国法律上的政府。本案所涉 40 架飞机是在国民政府仍然是法律上的政府时卖给美国民用航空公司的。这笔交易的效力应按交易成立时的情况判断，不能以后来发生的情况判断。在 1949 年 12 月，国民政府还是一个法律上的政府，中央航空公司是它的一个机构，这批飞机仍然为国民政府所有。飞机飞到香港两个月后才出卖，其所有人完全有此权力。对于一个新政府的法律承认，承认的溯及力能使一个后来获得法律承认的事实上的政府的行为有效，不能使前一个法律上的政府的行为无效。1950 年 1 月，英国承认中华人民共和国政府是法律上的政府，法律上的溯及力必须限于该政府所控制的领土内所做的行为。本案涉及在香港的财产，这些财产在出售时是属于国民政府的财产，无论对那批飞机的实际控制程度如何，那种控制都是违反香港法院的禁令的。那些非法控制这批飞机的人的行为不能作为适用溯及力原则的根据。根据本案的事实，中华人民共和国政府对这批飞机没有优先的所有权或占有权，也不能根据实际占有而取得这个权力，因此不存在溯及力的基础。溯及力原则与通过占有取得管辖权的政府的行为有关，但不包括非法占有的实际行为。

【评析】

本案主要涉及在发生政府继承的情况下，法律上承认的效果问题。一般认为，承认在国际法上具有溯及的效果。也就是说，现有国家对新国家或新政府的承认，其效力可以追溯到该新国家或新政府成立之时起所做的立法、司法和行政行为。因此，新国家或新政府在未被承认之前完成的法律行为的效力，承认国应予以承认。我国政府自成立之时起就宣布，所有当时属于中国的国家财产，无论在任何地方，无论其所在地的国家是否承认了中华人民共和国政府，当然都归中华人民共和国所有。此外，在本案件发生之前和之后，中国政府一再声明中央航空公司在香港的财产为中华人民共和国中央人民政府所有。既然英国在1950年初正式承认我国，这种承认的效果就溯及承认在我国政府未被英国正式承认前所做的关于中国国家财产的法令和声明有效。这就意味着，英国承认的后果应该导致它承认在香港的40架飞机的所有权属于中国，国民党当局无权处置该财产。英国枢密院将承认的溯及力限于对我国政府实际控制领土内的财产的行为，这是对溯及力原则的歪曲。对于注重判例法的英国，对本案的判决也是有违先例的。在1938年海尔·塞拉西案中，埃塞俄比亚国王海尔·塞拉西要求取得一家英国公司的债权，由于英国当时承认阿比西尼亚是法律上的主权国家，所以英国高等法院支持了原告的诉求。但在上诉时，由于英国转而给予意大利组织的临时政府法律承认，所以上诉法院认为海尔·塞拉西已无资格对其国外财产主张权利，判决被告胜诉。再者，英国枢密院混淆国家与政府的概念，将属于中国的国家财产说成是前国民党政府的财产。总之，英国枢密院的判决是错误的，这自然遭致中国政府的强烈抗议。

（资料来源：http://www.law.ruc.edu.cn/lab/ShowActicle.asp?ArticleID=16434）

【引发思考】

如何理解承认的溯及力原则？

阅读材料

两航起义的重大意义

中国航空公司（以下简称"中航"）于1930年8月1日正式成立。自1947年5月起，刘敬宜任第11任总经理。中航在其成立、存在的20年间，始终得到国民政府的支持和所给予的优惠条件，在技术设施和业务经营方面都领先于其他航空公司。

1943年2月，国民政府交通部与航空委员会合作改组欧亚航空股份有限公司为中央航空公司（以下简称"央航"）。同年3月，央航正式成立，陈卓林为总经理。

1949年11月9日4时半，中航陆维森、华祝与央航楼阅秉、徐文良等到机场担任现场指挥送飞机，并妥善地避开局外人，使机组和随行人员顺利办完起飞前的各种手续，登上飞机。6 时，12 架飞机陆续从香港启德机场起飞，其中，中航 10 架，央航 2 架。刘敬宜、陈卓林、吕明、查夷平等人乘央航潘国定驾驶的 CV-240 型（空中行宫）XT-610 号飞机，于当日 12 时 15 分到达北京。

两航公司在起义北飞成功后，立即致电国内外各办事处、航站，电令保护好财产，号召尚待解放地区和海外员工策应来归。中航澳门电讯课、工厂、材料库员工积极响应，庄重签名加入起义行列。央航曼谷办事处员工致函，表示绝对拥护起义。中航、央航昆明办事处员工在中共地下党的领导下，秘密响应起义，进行护产斗争，迎接解放。台湾、海口的部分两航员工闻讯后，冲破国民党的阻挠，赶赴香港报到加入起义行列。中航曼谷、仰光、海防、加尔各答、旧金山等办事处和航站员工，纷纷响应起义，相继策应归附祖国。

两航起义是在中国共产党直接领导下的爱国壮举，是震惊中外的一件大事。

两航起义对国民党在政治上、军事上是一个重大打击，切断了国民党政权的西南空中运输线，为人民解放军解放大西南创造了条件，加速了解放全国大陆的进程。

两航起义的成功，轰动了香港地区各阶层，震撼了国民党当局，引起了国际的重视。两航爱国员工首先高举义旗，直接造成了香港地区的资源委员会、招商局和中国银行等 27 个国民党在港机构相继起义，起了示范和带头作用，加速了国民党当局的分崩离析，在政治上、经济上给了国民党当局有力的打击。

两航起义北飞的 12 架飞机和后来由两航机务人员修复的国民党遗留在大陆的 16 架（C-46 型 14 架、C-47 型 2 架）飞机构成了新中国民航初期的机群主体。内运的器材设备，成为新中国民航初期维修飞机所需的主要航空器材来源，并组建了太原飞机修理厂、天津电讯修理厂，尔后成为发展我国航空工业和电讯研制工业的技术物质基础。

两航起义人员在发展民航运输生产、保证飞行安全、改善基础设施、加快人才培养、发展科学技术、制定民航法规和增进国际交流合作等方面做出了不可磨灭的贡献。遍布全国各个岗位的起义员工，在国防、航空、航天、电子、机械工业、科研、文教等部门为社会主义现代化建设和祖国统一大业都做出了积极的奉献，充分体现了周恩来总理当年关于"争取人是最主要的"指示的重大和深远意义。

毛泽东主席称两航起义为"一个有重大意义的爱国举动"。周恩来总理称它是"具有无限前途的中国人民民航事业的起点"。两航起义是中国民航史上的一个重要转折点。

（资料来源：http://www.cctv.com/news/special/C14328/20050714/103438.shtml）

【引发思考】
两航起义的重大历史意义是什么？

本 章 小 结

本章概述了我国民用航空法制建设的历史和现状，介绍了《民用航空法》的立法宗旨、立法原则、立法意义、主要特点及中国民航局制定民航规章的程序。通过本章的学习，应明确《民用航空法》的体系，并掌握我国民航工作总体要求。

本章重点：我国民用航空法制建设的现状、《民用航空法》的立法宗旨、立法意义；我国民航工作的总体要求。

本章难点：《民用航空法》的主要特点。

思 考 与 练 习

1. 简述《民用航空法》的立法宗旨和主要特点。

2. 为什么说《民用航空法》是我国民航的员工，尤其是民航中高级管理人员的必修课，并且是其整个职业生涯的必修课？

3. 谈谈你对我国民航法制建设现状的看法。

第2章 航空法及其基本概念

2.1 航空法的名称及其定义

2.1.1 航空法的名称

尽管诸多航空法学者对航空法的名称各持己见，但目前普遍采用的是国际民用航空组织使用的术语，英文是"air law"，中文是"航空法"，指的是关于航空器运行及民用航空活动的法律规范的总和，不包括无线电传播和外层空间的活动。"航空法"是广义上的统一名称，而狭义上的名称，各国不尽相同，多数国家称之为"航空法"，少数国家称之为"民用航空法"，个别国家称之为"航空商业法"、"航空法典"等。我国称之为《民用航空法》。

2.1.2 航空与航空法的定义

"航空"指任何器械凭借空气的支撑力，在空气空间运行的活动，也称"空中航行"。要实施航空，通常须具备下列4个基本要素。

第一，航空要有赖于活动的场所。这种场所就是空气空间，即所谓的空域。

第二，航空要有适合飞行的工具，这就是航空器。

第三，航空要有合格的人员方能施行。这类合格人员被称为航空人员。

第四，航空要有地面设施予以保障。地面设施主要指机场和空中交通管制、导航设施，包括电信、气象等服务，以保障航空器安全地起飞、降落和飞行。

具备了上述 4 项基本要素，航空才能得以进行，但要保证人类社会正常进行航空活动，还必须调整好航空活动所产生的各种社会关系（如安全防卫、旅客与承运人、机场与周边居民等），建立起保证航空活动的正常秩序。把这种关系调整和正常秩序制度化和规范化，并上升为法律，便形成了航空法。

各国的航空法和有关航空的国际条约都有以下 3 点基本共性。

第一，领空主权原则是一个根本性的法律原则，是航空法的基础。

第二，民用航空活动所产生的社会关系是航空法的主要调整对象。

第三，在和平时期和正常情况下，民用航空和非民用航空在同一空域中活动时，应遵守统一的空中交通规则，实行统一的空中交通管制，以保障空中航行的安全和通畅。

综上所述，航空法的定义如下：航空法是规定领空主权、管理空中航行和民用航空活动的法律规范的总称。

2.1.3 航空法的调整对象

航空法的调整对象主要是民用航空活动所产生的各种社会关系，同时也应包括民用航空与非民用航空，特别是与军用航空的关系。

航空法不仅要调整好民用航空活动所产生的社会关系，而且要调整与民用航空相关的其他活动之间的关系。其原因如下。

第一，航空法关于领空主权的规定，是一切航空活动都必须遵守的规则。

第二，在同一空域中同时进行各种航空活动，无论是民用航空还是军用航空，为了保障飞行安全的需要，都必须接受统一的空中交通管制，遵守统一的空中交通规则。

第三，非民用航空部门参与民用航空活动，都必须受航空法有关规定的约束。

因此，航空法是调整民用航空活动及其相关领域中产生的各种社会关系的法律。

2.1.4 航空法的性质

考察各国航空法的调整对象，可以得出结论，航空法在本质上是民用航空法，而不是调整一切航空活动及其所产生的全部社会关系的法律。有的国家的国内航空法对此有明确的规定。例如，我国的航空法涉及与航空制造业的个别关系，但不包括航空制造业所涉及的全部关系。

航空法分为国内航空法和国际航空法两大部分，分属于不同的法律体系。国内航空法是国家的重要法律，涉及领空主权的宣告及其空域管理制度，规范民用航空行政管理行为，调整民用航空活动产生的民商法律关系，还涉及采用刑法手段保护民用航空的安全问题。国际航空法是国际法的重要组成部分，它确立了领空主权原则，调整国家之间开展民用航空活动所产生的社会关系。

2.2　航空法的特点

航空法是随着航空技术进步而发展起来的一个部门法律。航空法的专业性、技术性很强，其形成较晚，但发展较快，具有明显的独立性、综合性、国际性及平时法的特点。

2.2.1　航空法的独立性

所谓航空法的独立性，指航空法自成一类，成为一个独立的法律部门。这里的独立是相对的，指航空法在一般法中的特殊性，而不是完全独立、自成体系。

民用航空是以民用航空器为工具，实施航空，从事公共航空运输、航空作业及其他通用航空活动的领域。这种活动在空中作业，风险性高，机动性强，具有资金密集、技术密集、知识密集、信息密集、组织严密、质量严格等诸多特点，而民用航空又是空军的后备力量，平时为国民经济的发展、方便人民的生活和促进各种往来服务，一旦发生战争或国家处于紧急状况，民用航空将被征用，为反抗侵略、处理紧急事项和保卫国家服务。因此，民用航空在整体上是一种特殊的商业活动，要正确调整民用航空及其相关领域中产生的社会关系，就需要专门的法律，即航空法来调整。航空法调整对象是十分明确的，也是专一的。

另外，我国是一个地域广阔、人口众多的多民族的社会主义国家，还有一些历史遗留的政治问题、民族问题需要妥善解决。为了满足国民经济的发展和各族人民的政治、经济、文化等各种社会生活的需要，为了促进国际和地区间的交流及与各国人民的友好往来，民用航空在国民经济和社会生活中占有十分重要和独特的地位。

2.2.2　航空法的综合性

所谓航空法的综合性，指调整民用航空及其相关领域中产生的社会关系的各种法律手段纵横交错，法律调整的方法多样化，综合在一起构成航空法。

民用航空部门是由多工种的人员组成的，开展民用航空活动是一项复杂的系统工程，所产生的社会关系也就呈现出多样性和复杂性。对这样的情况实施法律调整，必将形成多样性质的法律关系，自然需要调整手段的多样性与之相适应。例如，关于管理民用航空的法律规范，可以列入行政法；关于宏观调控航空运输市场和航空作业市场的法律，应归纳为经济法；关于航空运输合同的法律规范，应属于民法；关于航空领域中的犯罪和惩罚，自然属于刑法。如果说行政法、经济法、民法、刑法是一般法，那么航空法中的有关部分则应分别是上述这些法的特别法。然而却不能说航空法在整体上是行政法，或经济法，或民法，或刑法。因此，在整体上，只能说航空法自然成一类，是一个独立的、专门的法律，属于特殊法。

在处理与民用航空法有关的事宜时，应按照"特别法优于一般法"的原则，首先适用航空法，若航空法没有规定的，则适用有关的其他法律。

2.2.3 航空法的国际性

航空法的国际性，是由民用航空具有的国际性所决定的。民用航空活动的国际性主要是由航空技术自身的特性、航空运输自身的特点和航空活动自身的发展需要决定的。航空器是一种高速交通工具，飞行的距离越远，就越能发挥优势，取得最佳效益。对那些领空面积小的国家而言，航空器一起飞，就往往飞出了国界。尤其是在航空法的发源地欧洲，这点更为明显。因此，民用航空的国际性显而易见，从而决定了航空法的国际性。航空法的国际性要求在国际上有统一的航空技术标准和统一的航空法律规范。如果没有统一的技术标准，国际空中航行的安全难以得到可靠的保障；如果没有统一的法律规范，国际民用航空活动势必会处处遇到障碍。

航空法的国际性反映在国内法上，决定了国内航空法是一种涉外性很强的法律。这主要表现如下。

1）国内航空法应尽可能地采用国际航空法律规范和国际上的通行做法，否则不利于国际航空交往，也将阻碍本国民用航空事业的发展。

2）航空运输有国内和国际之分。根据当事人所订运输合同的约定，运输的始发地点、目的地点或约定的经停地点只要有一个处在外国就是国际运输，否则就是国内运输。因此，国内航空承运人经营国内航班应依据国内航空法与外国人订立国内航空运输合同；国际联程旅客或国际联程货物，则在其办理的一段运输的范围内，作为国际航空运输合同的订约一方，亦受国际航空法有关规定的约束。

3）国内航空法在一定程度上具有域外效力。这种域外效力反映在：一是国内法可以延伸适用于域外飞行中的本国航空器内的犯罪和其他某些行为；二是本国法对本国航空器的管理规定，亦可约束到域外的外国人涉及本国航空器的行为。

航空法的国际性述表现在，国内航空法与国际航空法有着十分密切的联系，即国内航空法直接采用国际航空法规范，一是有其历史原因，航空法发展史表明，在航空法中，国际公约先于国内法，因为航空运输从一问世就成了国际运输；二是民用航空的国际性，决定了国内法应尽可能地与国际法律规范一致；三是防止航空犯罪是世界各国共同的目标和任务。

2.2.4 航空法是平时法

航空法是平时法，指航空法仅调整和平时期民用航空活动及其相关领域所产生的社会关系。如遇战争或国家处于紧急状态，民用航空要受战时法令或紧急状态下的非常法的约束。

在平时，任何航空都必须遵守统一的空中规则，以维持空中交通的正常秩序，保障飞行安全；但在国防需要的紧急情况下，军用航空器有优先通过权，以保障军用航空保卫国家领空不受侵犯的需要。在战时或在国家宣布处于紧急状态的时候，军用航空器并不妨碍受战争影响的交战国和中立国的行动自由，它们可以不受约束地采取一切必要的行动。这在国际航空法（如 1944 年《芝加哥公约》第八十九条）中有明确规定。

2.3　6个基本概念

2.3.1　领土主权

领土主权指一国对其领土享有最高权力，不容许任何国家或个人侵犯其领土，同时对其领土内的一切人和物享有排他的管辖权。国家领土由各种不同的部分组成，包括陆地、水域、陆地及水域的底土、陆地及水域的上空。国际航空法对组成领土一部分的领空主权做了如下规定：每一国家对其领土之上的空气空间具有完全的排他的主权。早在 1918 年，《巴黎公约》就将此表述为一个基本原则，1944 年的《芝加哥公约》接受并认可了这个基本原则，使各国能够对外国航空器的飞行施加种种限制，从而为维护国家的领空主权提供了法律依据。实际上，这一原则在关系到人类生命安全时（如民用航空器因偏航、迷航误入他国领空），要受国际惯例的约束。

2.3.2　管辖权

管辖权是国家主权的最直接的体现。航空法在管辖权问题上，将本国领土上空、领海上空与公海上空空间加以区别。国家管辖权不仅约束领土上空的空气空间，还延伸至领海上空的空气空间。领海上空的空气空间不存在空中无害通过权，这点与领海上的船舶无害通过权是不同的。对公海上空的管辖权，适用 1944 年《芝加哥公约》第十二条的规定。航空器登记国的法律适用于公海上空飞行的该国航空器，但此类法律规定应当在最大可能范围内，与所依据的有关国际公约的规章相一致。

2.3.3　国籍

国籍指一个人属于某个国家的国民或公民的法律资格，是一个人同某一特定国家的固定的法律联系，也是国家实行外交保护权利的法律依据。对航空器国籍的规定在 1944 年的《芝加哥公约》中占有突出的位置，在国际航空运输中航空器得到所属国的保护具有很重要的意义，同时也有利于航空器自身的管理，如对航空器上发生的事件具有管辖权等。航空器的国籍原则是借鉴于海商法对船舶的国籍规则，是从一开始就获得国际普遍承认的原则。

2.3.4　空域的管理与利用

领空指一个国家的领陆、领水和领海上的空域，就其利用价值而言，是一种重要的、如同海洋和土地的资源。领空主权保证国家理所当然地拥有空域资源。航空法的目的之一是确认国家作为空域所有人享有的相应权利并维护国家的民用航空权利，包括但不限于国内载运权、空域管理权、空中航行管理权、机场费用和其他费用征收权等。国家行使对空域资源的管理。

2.3.5　空中交通规则

空中交通规律是组织实施航空器飞行，维护空中交通秩序，保障飞行安全的依据，通常又称之为"飞行规则"。

空中交通如同陆上交通、水上交通一样，如果不实行统一的规则，其后果将不堪设想。

根据领空主权原则，一国在其领空范围内，完全有权根据本国的具体情况，制定自己认为适合的规则。但是国内规则如不尽可能地与国际规则一致，势必给国际飞行带来不必要的障碍，并且会给飞行安全造成潜在的危险。

如今，世界各国关于空中交通规则的规定已基本上取得了一致。

航空器在不属于任何国家的空间运行，遵守由国际民用航空组织统一制定的空中航行规则。

在平时，任何航空器都必须遵守统一的空中交通规则，这对保障飞行安全是必要的；在特殊情况下，为了作战或者国防上的紧急需要，军用航空器除有优先通行权外，还应有不受平时空中交通规则约束的权利，这对保卫国家领空不受侵犯、保卫国防安全是必要的。

2.3.6　国家民用航空权利

《中华人民共和国民用航空法》第一章第一条开宗明义地宣布了制定航空法的立法目的："为了维护国家的领空主权和民用航空权利，保障民用航空活动安全和有秩序地进行，保护民用航空活动当事人各方的合法权益，促进民用航空事业的发展，制定本法。"

1．国内载运权

我国作为一个地域辽阔、人口众多、经济迅速发展的大国，拥有巨大的航空运输市场。而明确禁止外国民用航空运输企业进入我国国内市场，无疑是对我国民用航空运输企业的保护。这一规定，与国际法的原则（1944 年《芝加哥公约》第七条）并不相悖。

2．空域管理权

国内载运权也称境内业务权，国际航线上如果包括了本国国内航段，这些航段的客货邮由本国航空公司运输。

国家行使对空域资源的统一管理。这种管理通常体现为空域的划分，也体现为不同空域的管理制度、管理形式。在划分空域时，应当兼顾民用航空和国防安全的需要及公众的利益，以使空域得到合理、充分、有效的利用。提高空域的利用率，有利于促进民用航空事业发展，进而促进经济发展和人民生活水平的提高。各航空大国对空域都实行统一管理体制。我国由于历史原因，实行的是统一管制、分别指挥的体制。

3．空中航行管理权

陆上交通需要管理，空中交通更需要管理。鉴于航空器的飞行速度快，空中交通管理的难度更大、要求更高。为了保障飞行安全和空中畅通，在我国境内飞行的航空器，必须遵守统一的飞行规则；民用航空器在管制空域内的飞行活动，应当取得空中交通管制单位的许可，在指定的航路和飞行高度飞行；因故确需偏离指定的航路或者改变飞行高度飞行的，应当取得空中交通管理单位的许可。在一个划定的管制空域内，由一个空中交通管制单位负责该空域内的航空器的空中交通管制，这是各国空中交通管制体制发展的大趋势。

4．机场费用和其他费用征收权

鉴于修建机场，以及建立、安装和维护助航设施等，需要投入大量的财力、人力；鉴于民用航空器在空中飞行或在机场降停，需要地面人员或机场人员提供服务，并占用一定空间，因此，世界各国对航空器使用机场及航行设施均收取一定的费用，如航路费、起降费、停机费等。我国《民用航空法》为了维护国家的民用航空权益，（第六十八条）规定："民用航空器使用民用机场及其助航设施的，应当缴纳使用费、服务费。"

上述权利，与1944年《芝加哥公约》规定的有关权利是一致的。

2.4　航空法的渊源

航空法的渊源，不是航空法的起源，也不是航空法的根据，更不是航空法的历史发展，而是航空法的组成和具体的表现形式，即航空法的形式渊源。

航空法有国内法和国际法之分，处在两种不同的法律体系之中。因此，对航空法的渊源也就需要分别进行了解。

2.4.1　国际条约

航空法的最主要和最重要的渊源是国际条约，这是由航空活动本身的特点所造成的。

国际条约是国家及其他国际法主体间所缔结而以国际法为准则并确定其相互关系中的权利和义务的一种国际书面协议，是国际法主体间相互交往的最普遍的法律形式。国际条约可以分为多边国际公约（包括议定书）、双边航空协定和多边航空协定等。

国际条约是航空法的主要渊源，对缔约国有约束力。缔约国必须遵守条约，履行条约规定的义务。

到目前为止，国际上已被普遍适用的条约有以下3个系列。

第一个系列是以1944年《芝加哥公约》为主体的系列，是航空法领域的宪章性文件，对国际法在航空领域的具体适用做了整体性规定。现在的国际民航组织就是依此公约建立的。这个系列的公约已完全摆脱了军用航空范畴，是纯粹以民用航空规则的形式出现的。

第二个系列是以1929年在波兰华沙签订的《统一国际航空运输某些规则的公约》（即1929年《华沙公约》）及其一系列修订文件组成的"华沙体制"，规定了国际航空运输中有关民事责任的规则。

第三个系列是航空刑法系列，包括国际民用航空组织主持制定的3个关于空中犯罪、劫持飞机及危害民用航空安全的国际公约，即1963年的《东京公约》、1970年的《海牙公约》、1971年的《蒙特利尔公约》。

迄今为止，国际社会制定的涉及航空活动的国际条约多达42部，我国是多个国际公约的缔约国和参加国，如1944年的《芝加哥公约》、1929年的《华约公约》、1963年的《东京公约》等。

2.4.2 国内法

国内法是一个国家航空法律的重要渊源。

民用航空活动涉及国家主权、国防和社会经济发展等许多方面，需要通过立法加以规范才能够健康地发展。国内法在我国民用航空活动特别是国内民用航空活动中是重要渊源，也是我国民航发展和促进国际航空交流的重要保障。除了《民用航空法》和由国务院颁布的行政法规之外，我国民航局作为政府主管部门，还颁布了内容繁多、范围广泛的规定和其他规范性文件，为保障我国民用航空事业的健康安全的发展提供了法律保障。

近年来，随着民航体制改革和民航在地方经济中的作用日益加强，一些地方也开始制定地方性法规，如《上海市民用机场地区管理条例》等。

除此之外，我国的其他许多法规都涉及民用航空活动的规定，如《中华人民共和国刑法》（以下简称《刑法》）、《中华人民共和国合同法》（以下简称《合同法》）、《中华人民共和国专利法》、《中华人民共和国海关法》、《中华人民共和国环境保护法》、《中华人民共和国出入境管理办法》、《中华人民共和国税收征收管理法》等。这些法规对于调整我国民用航空活动，维护航空事业的健康发展，也都起着不可或缺的作用。

2.4.3 外国法律和国际惯例

对于没有国际条约，国内法适用的其他航空法问题，外国法律和国际惯例就有可能成为民用航空活动中的法律渊源。

我国《民用航空法》第一百八十八条规定："民用航空运输合同当事人可以选择合同适用的法律，但是法律另有规定的除外；合同当事人没有选择的，适用与合同有最密切联系的国家的法律。"现代民用航空活动早已超越国界，涉及各种涉外的因素，如法律主体、标的等，因此，在诉讼中选择有最密切联系的国家的法律，对于妥善地解决法律纠纷是有利的。

国际惯例是国际法的重要渊源之一，也是国际法最古老和最原始的渊源，是在国际交往中逐渐形成的一些习惯做法和先例，最初被某些国家长期反复使用，后来被各国普遍接受并被承认法律效力。随着我国航空事业的发展并已形成四通八达的航空网络，在实践中难免会出现一些问题，而我国法律和缔结或者参加的国际公约又没有对此进行规范的，或者有疑问时，可以援引国际惯例进行解释。在此情况下，适用国际惯例是必要的。

应当特别指出的是，适用外国法律或者国际惯例，不得违背一国的社会公共利益。

2.4.4　法律解释与司法判决

法律解释主要分为法定解释和法理解释两大类。法定解释又称有权解释或正式解释，指由特定的国家机关依照宪法和法律赋予的职权，对有关法律规定进行的解释，一般分为立法解释、司法解释和行政解释。法定解释具有法律效力，是广义上的法律的组成部分。就我国民航而言，中国民航局由国务院授权对有关行政法规进行解释，并在其权限范围内对我国民用航空规章进行解释。中国民航局的解释属于行政解释。

司法判决是确定法律规则的辅助手段，在航空法中具有一定的重要性。例如，在判例法国家，国内法院对解释 1929 年《华沙公约》条款的决定，具有深远影响，可能成为航空法的渊源。国际习惯作为国际航空的规则和规章制度，以及对其的解释，同司法判决一样，也是航空法的渊源的一部分。我国作为成文法的国家，判例虽然没有法律效力，但在实践中对案件审理具有参考价值。

2.4.5　其他渊源

在民航法的形成和发展过程中，还有一些直接或间接的渊源，如国际组织的立法文件，最直接的就是国际民用航空组织和国际航空运输协会的立法文件。一些区域性国际组织，如欧洲民航会议，在国际立法中也起过重要作用。

阅读材料

鲁 斯 特 案

【案情】

莫斯科时间 1987 年 5 月 28 日，19 岁的联邦德国青年鲁斯特驾驶一架美国制造的"赛斯纳 172 型"运动飞机，从芬兰首都赫尔辛基出发进入苏联领空，并于傍晚 7 时 30 分出现于莫斯科红场上空。飞机擦着列宁墓顶飞过，降落在一座教室旁边。

【判决及其依据】

9 月 4 日，苏联最高法院对鲁斯特进行了审判。鲁斯特在审判中承认侵犯了苏联领空主权，但辩解说其目的是为了执行和平使命、会见苏联领导人和公众；他也承认在红场降落后只向围观的苏联人讲述他从赫尔辛基飞来，一路上躲避苏联的防空设备的经历，而没有提到执行和平使命。

苏联最高法院审理后，根据苏联的法律，宣判其犯有非法进入苏联国境、违反国际飞行规则和恶性流氓罪，判处鲁斯特在普通劳改营服刑 4 年。此判决为终审判决。

此后，经联邦德国政府多次交涉后，苏联最高苏维埃主席团于 1988 年 3 月 3 日决定提前释放鲁斯特，并立即驱逐其出境。

【评析】

依有关公约的规定，各国对其领空拥有完全的和排他的主权，任何民用航空器只能根据有关国家间的航空协定或其他规定，经指定的航线飞入或降落于一国的领土，否则就是对一国领空主权的侵犯。因此，前苏联根据自己的法律对鲁斯特驾机降落红场事件进行审判和处罚是完全合乎国际法的。

（资料来源：http://www.law.ruc.edu.cn/lab/ShowArticle.asp?ArticleID=16452）

【引发思考】

怎样认识领空的重要性？

阅读材料

中国低空空域管理改革稳步推进，正在制定法规标准

记者从空军司令部航空管制部获悉，中国低空空域管理改革试点工作目前正在有序推进，相关法规标准正在抓紧制定中，有望 2012 年在全国推开。

2010 年，国务院、中央军委下发了深化中国低空空域管理改革的意见，对改革做出部署。空军司令部航空管制部负责人介绍说，改革试点工作目前已初见成效，作为实施全国飞行管制的单位，空军正在抓紧研究制定低空空域分类标准、低空空域准入标准、低空空域运行管理规范等低空管理法规标准。

这位负责人说，正在进行的改革试点，将低空空域分为管制空域、监视空域和报告空域 3 类，高度范围原则确定为真空高度 1000 米以下，实施分类管理，逐步降低对低空飞行的运行要求。

按照 3 类空域划设要求，空军在长春、广州两个试点地区划设了 21 个管制空域、4 个监视空域、13 个报告空域，其中监视空域和报告空域占两个分区面积的 60%，满足了当地通用航空飞行需求。

试点过程中，空军通过划设监视空域、报告空域，推行飞行计划报告、备案式管理、多渠道申报飞行计划等措施，简化了飞行计划申报程序，并会同当地民航、公安、工商、安监等职能部门，严肃查处和惩治"黑飞"及违规飞行，探索了违规处罚机制。

长春、广州飞行管制分区试点已于 2010 年年底完成，空军还计划今年在沈阳、广州飞行管制区和 6 个飞行管制分区组织深化试点。这位负责人说，将力争在 2011 年年

底前完成组织深化试点运行。试点结束后，国家将研究出台低空空域管理政策法规。如果进展顺利，低空空域管理改革有望 2012 年在全国推开。

（资料来源：http://news.xinhuanet.com/mil/2011-06/13/c_121530299.htm）

【引发思考】

为什么要开放低空空域？

本 章 小 结

本章讲述的是航空法的基础理论部分，对学习后面的章节将有很大的帮助。

本章重点：航空法的特征和渊源。

本章难点：航空法的 6 个基本概念。

思 考 与 练 习

1．简述国家领土主权。

2．国家为什么要对空域资源实行统一管理？

3．航空法的渊源有哪些？

4．如何认识航空法的国际性这一特点？

第3章 航空器

航空器是航空活动的工具。没有它，就不会有航空活动，也不会有航空法。因此，航空器是航空法中的基本问题。

3.1　航空器的定义

国际上关于航空器的定义，首次出现在《关于管理空中航行的公约》（即1919年《巴黎公约》）的附件A中，称"航空器是指可以从空气的反作用而在大气中取得支撑力的任何机器"。1967年11月8日，国际民用航空组织修改了这一定义，把空气对地球表面的反作用力的情况排除在外，将航空器定义如下："航空器是大气中任何依靠空气反作用力而不是靠空气对地（水）面反作用力作支撑的任何器械。"

依据这一定义，凡利用空气对地（水）面反作用取得支撑力的器械，如气垫车、气垫船之类，不属于航空器；凡不依靠空气反作用取得支撑力飞行的器械，如火箭、导弹之类，亦不属于航空器。但此定义对航天飞机没有做出界定。

航空器在技术上分为轻于空气的航空器和重于空气的航空器。前者包括气球、飞艇等，后者包括飞机、直升机、滑翔机等。

3.2 航空器的国籍

国籍最早是用来识别某一自然人的一种法律的身份，指一个人作为某一国家的国民或公民而隶属于该国。这种关系意味着个人效忠国家和国家保护个人的义务。概括地说，国籍指一个人同某一特定国家的固定的法律联系，也是国家行使外交保护权利的法律依据。

在现代社会中，国籍的概念已经从自然人扩大到法人、船舶、航空器及一般财产。航空器的国籍则由航空器登记国决定，因此，向航空器颁发国籍标志的国家有责任要求该航空器遵守该国的空中规则。对航空器来说，在国际航空运输中得到所属国的保护具有很重要的意义，同时也有利于航空器自身的管理，如对航空器上发生的事件具有管辖权等。

3.2.1 航空器国籍的意义

航空器国籍的重要意义在于，是航空器与登记国（即国籍国）相联系的法律"纽带"。航空器登记国据此对具有其国籍的航空器享有权利和承担义务，对航空器予以保护和施行管理。

航空器的国籍问题十分重要。1944年《芝加哥公约》第三章专门涉及航空器的国籍问题，规定航空器具有登记国的国籍，不承认航空器的双重国籍，但其登记可由一国转至另一国，即公约允许航空器因所有权转移等原因而变更其国籍，并且航空器国籍的登记和转移应按有关国家的法律和规定办理，这样，登记国也就承担了相应的责任和义务。

1944年《芝加哥公约》还规定，公约不妨碍两个或两个以上的缔约国组成航空运输的合营组织或国际经营机构，以及任何航线或地区的联营航班，理事会应决定公约关于航空器国籍的规定以何种方式适用于国际经营机构。国际上比较典型的合营组织是斯堪的纳维亚航空公司（Scandinavian Airlines，SAS）。SAS由瑞典、挪威和丹麦组成，各公司按一定比例出资，每个财务年度结束时依此比例分摊损失、分配收益，机群亦按各自国家所占比例分别在3国登记。1968年，国际民用航空组织理事会通过决议规定，为了符合《芝加哥公约》的目的，航空器应当具有国际经营机构成员国的国籍，并应有共用标志。例如，SAS的航空器上就标有瑞典、挪威和丹麦的国旗。

3.2.2 航空器国籍登记的条件

各国对航空器国籍的登记条件有所区别，比较典型的有以下3种。

第一种为直接规定登记条件，如美国《联邦航空法》规定，航空器如果符合规定的情况，且只有符合规定的情况，才能登记。

第二种为排除法，如日本《航空法》规定4种人员所拥有的航空器不得进行登记。

第三种为应当登记法，我国《民用航空法》即采取这种形式，并规定下列航空器应当进行中华国人民共和国国籍登记。

1）中华人民共和国国家机构的民用航空器。

2）依照中华人民共和国法律设立的企业法人的民用航空器。对中外合资航空运输企业则另有行政法规的限制，要求外商在该航空运输企业的注册资本或实收资本中所占比例不得超过 49%，一家外商代表在董事会的表决权不得超过 25% 等。

3）国务院民用航空主管部门准予登记的其他民用航空器。所谓"其他民用航空器"，主要指这样的两类民用航空器：一类是在中华人民共和国境内有住所或者主要营业场所的中国公民的民用航空器；另一类是国家机关、企业法人自境外分期付款购买的民用航空器或融资租赁的民用航空器。

我国于 1980 年首次通过租赁方式，引进了一架波音 747-SP 客机，使航空器登记条件要求出现了新的情况。为了同国际惯例接轨，我国《民用航空法》对此问题从法律上做了规定，允许自境外租赁民用航空器，如果该民用航空器的机组由承租人配备，可以申请登记中华人民共和国国籍，但是必须先予注销该民用航空器原国籍登记。这种规定是符合国际公约及国际惯例的。国际惯例是，对租赁航空器应适用的法律为使用所租航空器的航空公司住所地的法律。

目前，我国各航空公司租赁的航空器，除少数外，绝大多数已在我国登记，但此种登记必须具备以下条件。

1）经营人必须是中国法人。

2）航空器基地在中国境内。

3）经营人应向中国民航局提交按规定格式和方式填写的申请及产权证明。

4）租赁的新航空器，如系首次进口，需进行型号认可审查，取得中国民航局颁发的型号合格证（含发动机）；租赁使用过的航空器，需经中国适航管理部门的适航检查，符合规定的要求。

3.2.3　国籍标志与登记标志

航空器的国籍标志与登记标志，是航空器投入航空活动的重要先决条件。国籍标志是一国航空器区别于他国航空器的标志，其最基本内容是该航空器隶属于一国法律所许可的自然人、法人、政府部门或社会团体，拥有的航空器应当遵守该国法律并得到该国法律的保护。

所谓国籍标志，是指识别民用航空器国籍的字母符号。

我国民用航空器的国籍标志为英文大写字母 B，按我国《民用航空器国籍登记规定》，凡取得中华人民共和国国籍的民用航空器，必须在其外表标明规定的国籍标志和登记标志。

登记标志指航空器登记国在航空器登记后给定的数字、字母或两者的组合。根据民航局的要求，我国航空器的国籍标志和登记标志的喷涂应当按照有关规定绘制。例如，国籍标志和登记标志中，字母必须用正体大写，字母和阿拉伯数字都不加装饰，每个字必须用实线构成，其颜色应与背底颜色形成鲜明对照等。

我国内地所有的航空公司航空器上都喷涂了各具特色的航徽，这些风格各异的航徽，成为各航空公司的一笔无形资产。随着社会的进步，航空运输业作为第三产业，其社会作用日益明显，航徽作为服务性标志，受到法律保护。

1993 年 2 月 22 日，第七届全国人大常委会第三十次会议审议通过了《中华人民共和国商标法（修正案）》，修订的商标法增设了服务商标的条款，使之成为商标法的一部分，并给予服务商标与商品商标相同的地位。我国的一些航空公司已向国家有关主管部门提出服务商标的申请。

中国民用航空主管部门对航空国籍标志和登记标志进行管理和控制，但航空器外部的其他图案，如公司名称的中英文字样、公司的航徽和彩条等，则由各航空公司自行设计喷涂，而设计图案、内容需以适当的形式上报中国民用航空主管部门备案。民用航空器登记注册编号如表 3.1 所示。

表 3.1　民用航空器登记注册编号

航空器	编号	航空器	编号
空客	23××	MD-82	21××
B747、B707	24××	TK-100	22××
B737	25××	安 -30	33××
B767	255×	安 -24	34××
B757	28××	运 X	345× ～ 349×
图 154	26××	双水獭	35××
BAe146	28××	肖特 360	36××
L-100-30	30××	运 -12	38××
安 -12	315×	直升机	7×××
MD-11	21××	运 -5	8×××

3.3　适 航 管 理

3.3.1　适航管理的概念

航空器的适航管理指航空器适航主管机关依照法律规定，对航空器从设计、定型开始，到生产、使用直到停止使用的全过程施行监督，以保证航空器始终处于适航状态的科学管理。民用航空器的适航管理，是以保障民用航空器的安全为目标的技术管理，是国务院民用航空主管部门在制定了各种最低安全标准的基础上，对民用航空器的设计、制造、使用和维修等环节进行的科学的、统一的审查、鉴定、监督和管理。

3.3.2　适航管理的特点

对于民用航空器适航管理，各国基本上都具有 5 个国际普遍承认的特点。

第一，适航管理具有权威性。适航管理所依据的适航标准和审定的监督规则，具有国家法律效力。所有的适航规章、标准，都是强制性的，即必须执行的。

第二，适航管理具有国际性。民用航空器既是国际民用航空运输的重要工具，又是国际的重要商品。航空产品的进出口，特别是航空器生产日趋国际化，决定了各国的适航管理必然具有国际性。

第三，适航管理具有完整性。任何一个国家的适航管理部门，对航空器的设计、制造、使用、维修直至退役的全过程，都要实施以安全为目的的、统一的闭环式的审查、鉴定、监督和管理。

第四，适航管理具有动态发展性。航空科技进步和民用航空业的不断发展，要求各国适航管理部门不断改进和增加新的适航标准，适航管理也必然随之变化和发展。

第五，适航管理具有独立性。为了保证适航管理部门在立法和执法工作上的公正性和合理性，各国适航部门几乎都是在经济上和管理体制上独立于民用航空设计、制造、使用和维修等环节之外的政府审查监督机构。只有这种具有独立性的适航部门，才能真正严格地按照国家航空安全与发展改革的需求，为保障民用航空安全和促进民用航空运输业及制造业的发展进行公正、有效的适航管理。

由于以上 5 个特殊性质，各国基本上都有一个共同点，即由管理航空运输的行业管理部门作为适航管理的部门。

3.3.3　适航要求

航空器的适航，就是排除不安全的因素，保证航空器适航性符合国际和国家的要求和标准。航空器适航性通常指保证航空器飞行安全应具备的各项品质都符合最低飞行安全标准的要求，即航空器的完整性、航空器各部件与系统的性能，都在标准要求的限度之内。这个最低飞行安全标准，即适航标准。这是适航管理的基本技术依据。我国的适航标准，从我国的实际出发，参照国际适航标准，力争同国际接轨。

航空技术的发展，对航空器适航的要求愈来愈高。随着国际经济与技术交流，航空器的适航要求也日益国际化。1944 年《芝加哥公约》规定："缔约各国承允在关于航空器、人员、航路及各种辅助服务的规章、标准、程序及工作组织方面进行合作，凡采用统一办法而能便利、改进空中航行的事项，尽力求得可行的最高程度的一致。"

3.3.4　适航管理的对象与种类

1. 适航管理的对象

适航管理的对象包括在中华人民共和国境内从事民用航空器（含航空发动机和螺旋桨）的设计、生产、使用和维修的单位和个人，在中华人民共和国境外维修、在中华人民共和国注册登记的民用航空器的单位或个人。

2. 适航管理的种类

对民用航空器的适航管理，也是对民用航空器的适航性控制。民用航空器是否适航，应以该民用航空器是否满足符合以下两个条件为标准：一是民用航空器是否始终满足符合其型号设计的要求；二是民用航空器是否始终处于安全运行状态。与之相对应，民用航空器的适航管理也分为两类，即初始适航管理和持续适航管理。初始适航是对设计、制造的控制。持续适航实际上是对使用、维修的控制。

3.3.5　违反适航管理规定的责任追究

由于民用航空适航管理在民用航空活动中的重要作用，我国《民用航空器适航管理条例》对此做了许多规定。中国民航局有权对生产、使用、维修民用航空器的单位或者个人，以及取得适航证的民用航空器进行定期检查或者抽查，经查不合格者，则追究其责任人的责任并予以经济处罚。

1）使用民用航空器进行飞行活动的任何单位或者个人，有下列情况之一的，中国民航局有权责令其停止飞行，并视情节轻重，处以罚款：①民用航空器未取得适航证的；②民用航空器适航证已经失效的；③使用民用航空器超越适航证规定范围的。

2）航空器维修的单位或者个人，有下列情况之一的，将受到处罚：①未取得维修许可证，擅自承接维修业务的；②超过维修许可证规定的业务范围，承接维修业务的；③由未取得维修人员执照的人员负责民用航空器的维修并放行的。

3.4　民用航空器的权利

民用航空器的权利主要包括对民用航空器的所有权、抵押权和优先权，指权利人对作为"整体"的航空器所享有的权利，而不是对民用航空器的各个组成部分分别享有和设定的权利。

3.4.1　民用航空器的所有权

从法律上讲，航空器是一种财产，因而也就存在所有权的问题。民用航空器的所有权，指民用航空器所有人依法对其民用航空器享有占有、使用、收益和处分的权利。这种所有权，从形式上看是对物的关系，但在实质上是由法律确认和保护的人与人之间对航空器的占有关系，是一种民事法律关系。因而，民用航空器的所有权必须具备主体、内容和客体3个要素。所有权的主体即民用航空器的所有者，称为所有人。所有权的内容，指所有权法律关系中的权利主体所享有的权利和应承担的义务。所有权的客体指航空器本身。按照法律规定，民用航空器所有人对民用航空器享有占有、使用、收益和处分的权利。

1. 占有权

占有权即对民用航空器在事实上或法律上的控制。所有人一般都占有自己的民用航空器，这是所有人行使占有权的具体表现。随着现代航空运输事业的发展，出现了新的占有形式。航空器在很多情况下，不为所有人所占有。例如，航空器通过融资租赁、经营租赁和其他形式的租赁，在一定的时间期限内，为承租人所占有。

2. 使用权

使用权即对航空器的性能加以利用。使用权一般由所有人直接使用，也可以依法由非所有人使用。例如，航空器的承租人在租赁期间，就可以享受航空器的使用权。

3. 收益权

民用航空器的所有人、承租人和其他相关人可通过使用民用航空器从中取得收益，如通过国际、国内航空运输与货物运输来获得一定的经济效益。

4. 处分权

民用航空器所有人依法对航空器进行处置，行使处分权，既可以自己使用、转让或出售自己的航空器，也可以通过订立以航空器为标的租赁合同，将航空器的占有权、使用权转移给他人；在某些情况下，如留置、抵押，处分权也可以依法由非所有人行使。

以上4种权利共同构成所有权的内容，但在实践中，这4项权利并非所有权不可分割的因素。根据法律，通过认立合同或者按所有人的意志，这些权利可以或有必要与所有权分离而转移给他人。

我国《民用航空法》规定，民用航空器所有权的取得、转让和消灭，应当向国务院民用航空主管部门登记；未经登记的，不得对抗第三人。同时又规定，设定民用航空器抵押权，由抵押权人和抵押人共同向国务院民用航空主管部门办理抵押权登记；未经登记的，不得对抗第三人。

航空器所有权的取得以继受取得为主。所谓的继受取得，是以原所有人的所有权和意志为依据，通过一定的法律行为实现所有权的转移，由他人继受而取得所有权。例如，某航空公司从航空器制造商购买航空器，就是买方支付一定的价款，而从卖方继受取得标的物的所有权。

航空器所有权的转让指航空器所有人根据自己的意志转让航空器，即转让了对航空器的所有权。

航空器所有权的消灭指民用航空器已经不存在，对该航空器的所有权当然也丧失，如空难事故造成航空器的毁灭，航空器的使用年限到期而被处理等。

3.4.2 民用航空器抵押权和优先权

民用航空器抵押权指抵押人提供的作为债务担保的民用航空器，在抵押人不履行债务时，可以依法拍卖，从卖得的价款中优先受偿的权利。

民用航空器优先权指债权人依照有关法律规定，向民用航空器所有人、承租人提出赔偿请求，对产生该赔偿请求的民用航空器具有优先受偿的权利。民用航空器优先权的期限相当短暂（自援救或保管维护工作终了之日起3个月以内），并且优先权的债权的受偿顺序是后发生的债权先受偿。

3.4.3　民用航空器权利登记制度

《民用航空法》第一次在法律上确立了我国的民用航空器权利登记制度。民用航空器权利登记指权利登记机关，即国务院民用航空主管部门，应权利登记申请人的申请，对民用航空器权利人、权利性质及种类、权利取得时间、民用航空器国籍等有关事项，专门进行记载的一种法律制度。

民用航空器权利登记制度的作用主要表现在 3 个方面：确认权利、实施管理和公示社会。

航空运输企业常常以航空器作为抵押，从银行筹借购机款项，企业占有、使用航空器，从而实现公司运营；而银行却担心企业任意处分航空器，其抵押权没有可靠保障。因此，实行权利登记制度可以消除银行的担心和疑虑，使航空器的权利状况全部公开化，债权人可以很方便地随时掌握航空器权利的变化情况，保护债权人的利益，为以航空器为核心开展的各种交易活动提供便利，从而促进航空事业的发展。

民用航空器登记制度在执行中应坚持 3 条原则：统一管理；同一民用航空器的权利登记事项应当记载于同一权利登记簿中，不能分散记载于多个权利登记簿中；登记事项透明化、公开化。

阅读材料

关于从中国民用航空器国籍登记簿中撤销有关航空器登记的通知

各地区管理局、各航空公司、各航空院校：

为加强对运行中的民用航空器的监管，并有效履行民用航空器占有人及局方监察员各自承担的安全运行的责任和义务，2009 年 8 月，根据民用航空器国籍登记程序（AP-45-AA-2008-01R3）中关于国籍登记报告程序的要求，航空器适航审定司开展了对航空器注册登记的普查工作。该项普查工作的意义在于对于那些依然在中国民航局注册登记，但由于各种原因（如停运、破产或航空器转移等），多年来未纳入或已失去局方安全监管的航空器，进行清理、整顿，落实相关安全责任，以对公众负责。

根据国籍登记报告工作计划，国内航空器占有人应于 2009 年 9 月 20 日前向中国民航局提交航空器国籍登记报告。截至 2009 年 10 月 30 日，共有 41 架航空器未向中国民航局提交国籍登记报告。

请地区管理局审定处会同有关单位，负责提醒该 41 架航空器涉及的相关单位从速递交国籍登记报告。适航器适航审定司将同时在媒体和网络上对附表 1 中的航空器进行公示。此项核对工作于 2009 年 12 月 15 日结束，适航器适航审定司将于 2009 年 12

月 25 日前，在中国民用航空器国籍登记簿中去除相关航空器，并同时在媒体和网络上进行通告。

特此通知。

中国民航局

航空器适航审定司

2009 年 10 月 30 日

（资料来源：http://www.caac.gov.cn/c1/200911/t20091112_28854.html）

【引发思考】

为什么要对航空器注册登记进行普查？

阅读材料

飞机上斗殴情节严重可追刑责，国际航班上打架由飞机所属国处理

瑞士航空飞机上两名中国男子打架事件过去仅一周，2012 年 9 月 7 日，又有我国乘客在四川航空从塞班飞往上海的航班上打架事件被曝出。日前，四川航空公司已做出回应：滋事的两名男子下飞机后已经移交上海飞机场警方，而由于空保人员控制住了航班上的局势，并未致使航班返航。近一段时间，在网络上对于维护航空安全、声讨低素质乘客、严肃处理飞机上滋事者等讨论声从未间断，公众对于在飞机上打架斗殴一类事件的厌恶与杜绝之心，可见一斑。

【引发思考】

飞机上打架斗殴是否危害航空安全？

四川航空公司一位工作人员在接受采访时表示，像这种在飞机上打架的行为可引起两大危险：一是在飞行途中，大量旅客移动会影响飞机平衡，这种后果可能比较严重；二是打架斗殴本身就很危险，除了当事人可能受伤外，也有可能伤害到其他乘客。

北京市法学会航空法学研究会常务副会长兼秘书长张起淮认为乘客在高速飞行的飞机上打架斗殴对航空安全存在一定的危害，其原因有以下两点。

1）在飞机上打架斗殴的人的情绪与行为属于失控状态，由于飞机上的活动空间狭小，打架斗殴人员为发泄私愤很可能会破坏或挪动机上的安全设施，危害飞行安全。

2）飞机在起飞前都经过货仓装仓配置、配油等环节调整飞机平衡，在飞机起飞、降落时一定会告知乘客坐在座椅上并系好安全带，因为飞机在进入平流层飞行之前，如果

机上的配重出现失调，那么将严重影响飞行安全；即使在飞机进入平流层后，如果机上出现了"群殴"的现象，仍会直接影响飞机平衡，情况严重时可能导致安全事故的发生。

【引发思考】

飞机上乘务员是否有权处理治安事件？

我国《民用航空安全保卫条例》第二十二条规定，航空器在飞行中的安全保卫工作由机长统一负责；机长、航空安全员和机组其他成员，应当严格履行职责，保护民用航空器及其所载人员和财产的安全。第二十三条规定，机长在执行职务时，可以行使下列权力：在航空器飞行中，对扰乱航空器内秩序，干扰机组人员正常工作而不听劝阻的人，采取必要的管束措施；在航空器飞行中，对劫持、破坏航空器或者其他危及安全的行为，采取必要的措施。

据张起淮介绍，航空飞机上一般都会配有 1～2 名空保人员，其座位通常在经济舱第一排紧挨通道的位置，其职责主要是反劫机、反恐怖，保障没有乘客进入飞机驾驶舱威胁飞行安全。可见，维持客舱秩序、处理机上治安事件是飞机上乘务人员的职责。

【引发思考】

谁有权决定飞机是否返航？

2012 年 9 月 2 日晚，由于两名中国乘客发生斗殴，由苏黎世飞往北京的瑞士航空 LX196 航行数小时后被迫返航，瑞国际航空公司表示"事情并未达到启动紧急程序或者飞往备降机场的程度"。而 9 月 7 日四川航空飞机上发生打架事件后航班并未返航，在飞机飞行过程中，谁对是否返航有决定权？什么是影响决定的重要因素？

《民用航空安全保卫条例》第二十三条规定，机长在执行职务时，在航空器飞行中遇到特殊情况时，对航空器的处置做最后决定。也就是说，机长可以根据对机上情况的判断决定是否有必要返航。

据张起淮介绍，在飞机上，机长有权决定飞机是否返航，飞机返航的决定需要基于对是否飞行安全和是否危害经济损失和乘客的损失考虑。

【引发思考】

在飞机上打架斗殴后果如何？国际航班上的案件归谁管辖？

对于瑞士航空飞机上的斗殴事件，苏黎世警方透露，目前斗殴双方均被释放，其中一人需在 90 天内交上罚款。在四川航空国际航班上斗殴的乘客在下飞机后已被移交上海飞机场警方。对在飞机上斗殴的乘客应该怎样处理？国际航班上的案件管辖权归属于哪个国家呢？

《民用航空安全保卫条例》中明令禁止在航空器内打架、酗酒、寻衅滋事、危及飞行安全和扰乱航空器内秩序的其他行为。据张起淮介绍，如果违反了条例规定，应按《中华人民共和国治安管理处罚条例》（以下简称《治安管理处罚条例》）处以 5 天以下刑事拘留和 200 元以下罚金；依据我国《刑法》相关规定，对于情节严重者应判处 5 年以下有期徒刑并处罚金；对于造成严重后果的，应判处 5 年以上有期徒刑并处罚金。

张起淮告诉记者，航空器的所属国或航空公司所在的运营国家拥有航空器上安全事故的管辖权。也就是说，在哪个国家的航空飞机上出现治安问题或刑事案件，就应按照该国家的法律制裁。

（资料来源：http://legal.people.com.cn/n/2012/0912/c42510-18989694.html）

本 章 小 结

本章讲解了航空法中最基本的问题，即航空器的定义及与之相关的国籍、适航管理和权利，这是学习其他内容的基础。

本章重点：航空器的国籍。

本章难点：航空器的权利。

思 考 与 练 习

1．航空器国籍的意义是什么？

2．简述航空器权利的主要内容。

3．适航管理的种类和特点分别有哪些？

4．我国航空器的国籍标志和登记标志的绘制要求是什么？

第4章 航空人员

知识目标

- 了解航空人员的含义及其法律责任。
- 熟悉航空人员的资格管理制度。
- 掌握机组与机长的职责和任务。

能力目标

- 明确航空人员的法律责任和职务定位。
- 能够按照航空人员的行为规范严格要求自己。

4.1 航空人员的概念

4.1.1 航空人员的含义

航空人员是指领有执照，从事直接与空中航行有关工作的专业人员。从工作环境和工作职责方面，可将航空人员划分为空勤人员和地面人员两大类。并非所有从事民用航空活动的人员都是航空人员。其中，空勤人员是指在飞行中的民用航空器上执行任务的人员，包括驾驶员、领航员、飞行机械员、飞行通信员和乘务员；地面人员是指在地面从事民用航空器维修的人员、负责空中交通管制的人员、飞行签派人员和航空电台通信人员。《中国民用航空飞行规则》还将航空摄影员和安全保卫员列为空勤人员。2004年，空中警察全面上岗执勤。空中警察依法行使防范和制止劫机、炸机的权力，防范和制止非法干扰安全飞行的行为，保护乘客的生命财产安全，具有警察和机组成员的双重身份。

随着我国民航事业的飞速发展，外籍航空人员也加入我国的航空人员队伍中。对此，我国法规也对雇佣的外籍航空人员的条件做了特别的规定。

4.1.2 航空人员的地位

航空人员是实施空中航行最活跃也是主观性最强的因素，处于十分关键的地位。任何空中航行，都不能缺少驾驶员和其他空勤、地面人员，对于有效而安全地运行来说，他们的能力、技巧和训练就仍然是必要的保证。由于当今航空器运行的种类很多，也很复杂，因此就必须防止由于人为或一个系统组成部分的失效而导致整个系统崩溃。

正因为如此，在空中航行活动中，各类航空人员都是不可缺少的，都应当符合规定的条件，各司其职，各负其责，团结协作，紧密配合，切实保障飞行安全。为此，对于航空人员的资格及其管理，都必须建立起一整套严密的规章制度，在法律上予以保障，使之遵照执行。航空人员在民用航空活动中起着十分重要的作用。按照相关规定，每种航空人员都在其职责范围内有着特定的权利和责任，并以此保证民用航空活动安全有序地运行。因此，航空人员的业务素质、技术水平甚至身体精神状况等对民用航空活动的安全至关重要，甚至在某种程度上影响、决定着民用航空的发展水平。

4.1.3 航空人员的法律责任

法律责任是指行为人由于违法行为、违约行为或者由于法律规定而应承受的某种不利的法律后果，具有国家强制性的特点。航空人员的法律责任主要包括行政责任、民事责任与刑事责任。

1. 行政责任

民航工作人员在工作中违反相关管理制度，要接受民航部门的行政处分，从而承担相应的行政责任。

2. 民事责任

众所周知，航空公司由于航班延误或飞行事故应当向乘客承担民事责任，而民航人员在履行职务过程中，由于自身过错造成乘客人身、财物损失的，乘客同样可以要求其承担自身的民事责任。

3. 刑事责任

航空人员违反规章制度，致使发生重大飞行事故，造成严重后果的，就构成飞行重大安全事故罪，依法应当承担相应的刑事责任。此外，根据具体情况，民航人员还应承担其他刑事责任。

4.2 航空人员的管理制度

4.2.1 航空人员的准入管理制度

由于航空人员是直接从事民用航空活动的专业人员，其专业素质和身体状况直接关系到民用航空活动的正常有序进行，因此，法律对航空人员规定了严格的限制性条件。各国法律及国际公约都对航空人员的资格条件做了相应的规定。我国《民用航空法》第四十条第一款规定："航空人员应当接受专门训练，经考核合格，取得国务院民用航空主管部门颁发的执照，方可担任其执照载明的工作。"

4.2.2　执照及其种类

实行执照制度是对航空人员加强技术管理、促进航空人员素质不断提高的一项重大措施。为统一国际标准，使各国在本国的立法中有所参照，国际民用航空组织在1944年《芝加哥公约》的附件1《人员执照的颁发》中对人员执照问题做了较为详细的规定。

首先，规定了充任飞行组成员的授权问题，即"除非持有符合本附件规格并与其职务相适应的有效执照，任何人不得充任航空器飞行组成员。该执照应由航空器登记国签发或由任何其他缔约国签发并由航空器登记国认可有效"。

其次，规定了认可执照的方法，即"当一缔约国认可另一缔约国签发的执照以代替自己另发执照时，必须通过在前者执照上作适当批准确定其有效，接受该执照作为相等于自己签发的执照。这种批准的有效期，不得超过该执照的有效期限"。

另外，《人员执照的颁发》中还就体检合格、执照的有效性、体检合格条件下降及批准的训练等方面做了具体规定。

航空人员的业务执照种类繁多，根据工作性质的不同需要具备不同的专业执照。以我国民用航空法律法规的相关规定为例，机务维修类的执照分为3类：民用航空器维修人员执照、民用航空器部件修理人员执照及民用航空器维修管理人员资格证书。而维修人员执照又包括两部分内容，即基础部分和机型部分。维修人员执照申请人，经考试合格获得维修人员执照基础部分。申请维修人员执照机型部分的申请人应当首先取得维修人员执照基础部分。维修人员执照基础部分包括航空机械和航空电子两个专业。空中交通管制人员的执照可分为机场塔台管制员执照、进近管制员执照、区域管制员执照、进近（监视）雷达管制员执照、进近（精密）雷达管制员执照、区域（监视）雷达管制员执照、空中交通服务报告室管制员执照、地区管理局调度室管制员执照、总局调度室管制员执照。飞行人员执照又可分为驾驶员、飞行领航员、飞行无线电通信员、飞行机械员（工程师）执照。飞机驾驶员执照又可分为私用驾驶员执照（包括飞机驾驶员执照、旋翼机驾驶员执照、滑翔机驾驶员执照、轻于空气的航空器驾驶员执照）、商用驾驶员执照（包括飞机驾驶员执照、旋翼机驾驶员执照、滑翔机驾驶员执照、轻于空气的航空器驾驶员执照）及航线运输驾驶员执照（包括飞机驾驶员执照和旋翼机驾驶员执照）。

4.2.3　执照的取得

执照是对空勤人员技术水平和工作能力的证明，体格检查合格证书是对空勤人员在近一段时期内身体健康状况的描述和证明，二者分别起着不同的作用。虽然执照的取得是以体格检查合格为前提的，但是人的生理、心理健康状况不断变化，有可能在其执照有效期内，由于空勤人员健康状况的不合格，其体检合格证已经被吊销或是原体检合格证书已经过期而失效。因此，必须同时持有有效的执照和体格检查合格证书，才可以说明该空勤人员是符合执行飞行任务条件的。

1. 通过考核

颁发执照前，除了必须符合各相关执照的具体资格要求以外，还必须对申请人进行考核。考核分为理论考试和技术考核两项内容，由中国民用航空主管当局授权的单位和技术检查人员负责进行。执照申请人各科理论考试（按 100 分制）成绩在 80 分以上，技术考核（按优、良、中、差）各科成绩在"良"以上，方可发给执照。

2. 取得体格检查合格证书

民用航空业作为一种特殊行业，其部分工种、岗位对身体条件有特殊的要求。为了保证民用航空人员的身体状况符合行驶相关执照权利和飞行安全的要求，航空人员除应持有相应的业务执照外，还应通过体格检查，经检查合格并取得体检合格证书，才能担任其工作。身体条件合格是取得其执照的必要条件之一。

按照我国民用航空法律法规的相关规定，民用航空主管部门的航空卫生职能部门，负责制定有关的管理文件和程序，对航空人员的体检合格证的申请、审核、颁发和体检鉴定实施监督管理，并对航空人员做定期或不定期的检查和考核。任何人未持有并随身携带依照本规则取得的有效体检合格证，不得行使各类执照所赋予的权利。

航空人员的体检合格证共分为 4 个等级，分别为 I 级体检合格证、II 级体检合格证、III 级体检合格证（包括 III a、III b 级体检合格证）及 IV 级体检合格证（包括 IV a、IV b 级体检合格证）。

体检合格证有效期期满日期的计算方法，应当自合格的体检鉴定结论做出之日的下一个日历月的第一日起至有关规定的相应期限的最后一个日历月的最后一日止。

4.2.4 工作时限的管理

我国航空运输业的不断发展，客观上造成了社会需求与民航承受能力不相适应的矛盾。一方面，各公司在经营组织管理工作上还存在缺口，飞机引进得快，人员培训进度较慢，人机比失调，生产任务交由少数成熟人员完成，超时飞行潜在着不安全因素。另一方面，一些航空公司对空勤人员的业余时间的行为方式很少或全无管理，而业余时间的社会生活方式和业余活动直接影响到空勤组人员执行飞行任务时的身体及精神状态。因此，疲乏在执勤机组人员中经常发生，在其他各类航空人员中也确实存在，但并未出现危险。

为了确保飞行安全，防止飞行人员疲劳，以及保护飞行人员的身体健康，《民用航空法》第七十七条第 1 款规定，民用航空器机组人员的飞行时间、执勤时间不得超过国务院民用航空主管部门规定的时限。据此，中国民航局先后发布了相关规定，对各类航空人员的值勤时间、飞行时间、休息时间做出了明确的规定，有些甚至是限制性的规定。对于这些规定，航空承运人及有关人员都必须严格遵守，否则将受到惩罚。

《大型飞机公共航空运输承运人运行合格审定规则》（以下简称《规则》）P章就飞行时间、值勤时间及休息时间的概念下了明确的定义。

1. 飞行时间

飞行时间指机组成员在飞机飞行期间的值勤时间，包括在座飞行时间（飞行经历时间）和不在座飞行时间。

2. 值勤时间

值勤时间是指机组成员在接受合格证持有人安排的飞行任务后，从报到时刻开始，到解除任务为止的连续时间段。

3. 休息时间

休息时间是指机组成员到达休息地点起，到为执行下一个任务离开休息地点为止的连续时间段。

另外，《规则》针对各类型航空人员的飞行时间、值勤时间及休息时间做了不同的限制。

4.2.5 航空人员的日常行为规范

《民用航空法》第四十一条、第四十二条对航空人员的日常行为进行了规范，具体概括如下。

空勤人员在执行飞行任务时，应当随身携带执照和体格检查合格证书，并接受国务院民用航空主管部门的查验。

航空人员应当接受国务院民用航空主管部门定期或者不定期的检查和考核；经检查、考核合格的，方可继续担任其执照载明的工作。

空勤人员还应当参加定期的紧急程序训练。

空勤人员间断飞行的时间超过国务院民用航空主管部门规定时限的，应当经过检查和考核；乘务员以外的空勤人员还应当经过带飞。经检查、考核、带飞合格的，方可继续担任其执照载明的工作。

4.2.6 航空人员的退出制度

航空人员在取得资格后因种种原因未能继续符合规定的要求和达到规定的标准，其航空人员的资格即告丧失。航空人员资格的丧失可以有4种情况，即执照的暂停、吊销、自然中断和注销。

4.3 机长的法律地位与职责

4.3.1 机组与机长

1. 机组

机组是指由航空器经营人委派在飞行期间的航空器内担任职务的人员组成。民用航空器机组由机长和其他空勤人员组成。通常，机组又分飞行组和乘务组。飞行组，指由持有执照、担任的主要职务是操纵飞行期间的航空器的机组成员组成。"除非持有该航空器登记国或者任何其他缔约国签订的、由该航空器登记国认可的符合本附件的规格并与其事务相适应的有效执照，任何人不得充任航空器飞行组成员。"（1944 年《芝加哥公约》附件 1 第 1.2.1 条）乘务组，是指由飞行组成员以外，在机舱工作的其他机组成员组成，担任操纵航空器以外的辅助职务。

2. 机长

机长即航空器机组的负责人，应当由具有独立驾驶该型号民用航空器的技术和经验的驾驶员担任。在执行飞行任务期间，机长负责领导机组的一切活动，保证其航空器遵守有关航空器飞行和运转的现行规则和规章，并对航空器及其所载人员和财产的安全负责。由于机长的责任重大，必须赋予其相应的权力。

机长具有高度权威，航空器内全体人员应服从机长命令，听从机长指挥，维持航空器内的严明纪律和正常秩序，以保障机长履行职责，果断采取一切必要的合理措施，正确处置意外事故和突发事件，全面地完成所肩负的任务。在我国，机组的组成和人员数额，应当符合国务院民用航空主管部门的规定。机组缺员的民用航空器，不得起飞。

4.3.2 机长的法律地位

所谓机长的法律地位，是指机长应具备的法定资格及法律赋予的权利和义务。

我国的"空中警察"既是机组成员又是国家公务员，代表公权并拥有执法权。在公共危机发生时，一般说来，私权服从公权。机长和"空中警察"，谁有最后决定权？答案是机长，因为机长虽然不是公务员，但在飞行中拥有法律赋予的最高管理权限，空中警察只能在机长的领导下行使其职权。

4.3.3 机长的法律责任

在航空器的运作过程中，如果因机长的过错造成损害，可能面临当事人依据有关国际、国内法律规定对承运人提出索赔或直接起诉。如果由于机长的过错造成旅客的伤亡，机长可能面临刑事或民事处罚。机长应当承担何种责任应当根据事实和特定的案件来确定。

值得注意的是，各国法律对包括机长在内的航空人员的职责和责任都有严格的规定例如，我国《民用航空法》规定，航空人员玩忽职守，或者违反规章制度，导致发生重大飞行事故，造成严重后果的，应追究刑事责任。我国《刑法》也有相关规定，如机长应当在明确知晓民用航空器所载的其他人员已经全部离开遇险的航空器之后，才能离开航空器。这是因为，对民用航空器所载人员的安全负责是机长的责任所在。

4.3.4　机长的职责权限

机长的职责在于负责民用航空器的操作，领导机组的一切活动，保护民用航空器及其所载人员的财产的安全，保证飞行任务的顺利完成。机长的职责、权利和义务是法律所赋予的，明确并正确履行法律所赋予机长的权利和义务是对一名合格机长的基本要求。

机长的职责权限主要表现在以下 5 个方面。

1.　检查和拒绝起飞的职责和权力

航空器执行飞行任务前，机长应对航空器实施必要的检查，如果发现有不利于飞行安全的因素，如航空器故障、机场、气象等条件不符合有关规定，不利于飞行安全，机长有拒绝起飞的权力。

2.　紧急情况下的处置权

在航空器的飞行过程中，如果遇到破坏民用航空器的行为，危及航空器飞行安全的行为，扰乱民用航空器内秩序的行为，以及其他特殊情况时，为了保证飞行安全，机长有权采取必要的适当措施，或对航空器做出处置。具体包括以下 5 种情况。

1）发生紧急情况时，机长应采取必要的安全措施。

2）在紧急情况下，机长可以命令旅客听从指挥，以确保安全。

3）如有可能，在发生紧急情况时机长应及时通知乘务员。

4）在航空器遇险时，机长有权采取一切必要措施，指挥机组人员和航空器上其他人员采取抢救措施或组织旅客安全撤离。机组人员未经机长允许不得撤离航空器。机长应当最后离开航空器。

5）遇到其他特殊情况，如航空器在执行飞行任务中发生航班不正常的情况或其他突发事件，机长有权根据现场情况做出适当处置。

总之，发生任何特殊或紧急情况，机长都应根据所发生情况的性质、飞行条件和可供进行处置的时间来决定。在任何情况下，机长和机组成员应当主动配合，密切协作，沉着、果断地进行处置，千方百计保证旅客的人身及财产安全。

3.　机组人员的人事管理权

机长是航空器机组的领导者、负责人，机组人员的活动由机长负责领导。因此，当机长发现机组人员不适宜执行飞行任务时，有权对机组人员提出调整或其他合理安排。

4．通知的职责和权力

航空器在发生紧急情况时，机长应同空中交通管制中心、搜寻和援救中心及飞行签派员保持密切联系，并充分考虑由以上部门和人员提供的意见和建议。在紧急情况下，允许机长为了安全而违背有关的规章，包括最低天气标准的使用，应尽早通知有关机构或飞行签派员。航空器发生事故，机长应以最快捷的途径将事故通知民航主管部门。

5．险情报告和合理援助的职责和权力

航空器在飞行过程中发现其他航空器或船舶遇险的，机长应及时向空中交通管制单位报告险情，并对遇险航空器或船舶给予及时、合理的援助。

4.4 空中交通管制员与机长

4.4.1 空中交通管制员任职资格

空中交通管制员是指管制员执照持有人（简称持照人）具有符合要求的知识、技能、经历和资格，并从事特定空中交通管制工作的人员。

2010 年 8 月中国民航局公布的《民用航空空中交通管制员执照管理规则》规定：管制员执照由中国民航局统一颁发和管理。民用航空地区管理局负责本辖区管制员执照的具体管理工作。管制员执照类别包括机场管制、进近管制、区域管制、进近雷达管制、精密进近雷达管制、区域雷达管制、飞行服务和运行监控。空中交通管制员实行执照管理制度。未持按本规则颁发的有效管制员执照的人员，不得独立从事相应的空中交通管制工作。

4.4.2 空中交通管制员职责

《中国民用航空飞行规则》第五十二条对空中交通管制员的职责做了明确规定：①防止航空器与航空器相撞；②防止航空器在机动区域内与障碍物相撞；③维持空中交通秩序，实施正确管制；④提供飞行情报服务；⑤提供告警服务，向有关单位提出关于航空器需要搜寻援救的通知。

4.4.3 机长的任职资格

《民用航空法》第四十三条第 1 款规定："机长应当由具有独立驾驶该型号民用航空器的技术和经验的驾驶员担任。"

《中国民用航空飞行规则》第七条第 2 款规定："如果机组中有两名以上正驾驶员，必须指定一名机长，并且在飞行任务书中注明。"《民用航空法》第五十一条规定："飞行中，

机长因故不能履行职务的，由仅次于机长职务的驾驶员代理机长；在下一个经停地起飞前，民用航空器所有人或者承租人应当指派新机长接任。"

4.4.4　空中交通管制员与机长在飞行中的分工与合作

在一段空中旅程开始时，最先发布的指挥命令来自塔台管制员。在机场廊桥口，航班一切准备就绪后，机长向塔台提交申请，塔台的放行管制席位收到申请后，按照申请内容进行审核、放行，并移交给塔台的地面管制席位，地面管制席位按照最合理的路线指挥飞机滑行至跑道，当机长听到塔台管制席位发出"cleared departure"（可以放行）指令后，航班开始滑行并加速起飞。

起飞不久，空中交通管制员将要完成空中的首次管制移交，即进近管制。此时，进近管制员将按照塔台管制员给出的无线电频率信息联系离场管制员，由离场管制员指挥飞机按照阶梯上升的方式爬升到一定高度，通过离场程序加入航路，完成了航班在空中的首次管制移交，一段短暂飞行过后再次移交到下一个管制指挥部门——区域管制。

区域管制中心的管制员在接到机长的联系信息后，通过扇区的划分，指挥航班沿既定的飞行航路飞行。到达巡航高度后，飞机就进入了巡航平飞阶段，然后经过数个管制扇区的监视、移交，在接近抵达目的地空域时，飞机开始下降高度。航班准备着陆时，进场管制员将会指挥飞机按照一定的进港程序进行排队飞行，并逐架移交给塔台管制员，由塔台管制员指挥飞机分别落地并滑行到停机位，空中飞行结束。

此外，在面对一些特殊负责情况时，空中交通管制员还指挥航班进行相应处置，如雷雨天气的雷达引导绕飞等，以确保航班的飞行安全。

4.4.5　空中交通管制员与机长的协作和共同职责

在执行飞行任务期间，机长负责领导机组的一切活动，对航空器和航空器所载人员及财产的安全、航班正常、服务质量和完成任务负责。机组全体成员必须服从机长命令，听从机长指挥。

无论在机场区域内飞行还是在航线飞行期间，机长必须服从空中交通管制员的指挥，机长对飞行计划做出任何变动之前必须报空中交通管制员批准。在飞行实施阶段，空中和地面必须协同配合。空中交通管制员必须严格执行管制规定，认真考虑空中情况，给机长留有机动处置的余地；机长应当准确地执行空中交通管制员的指令，当执行指令将影响飞行安全时，必须立即报告，如果时间来不及，可根据情况采取措施，并将自己的决定报告给空中交通管制员。航空器飞离或者进入机场区域前，机长应当向塔台管制员报告飞行情况、加入航线时间、预计进入空中走廊和到达机场上空的时间。

因此，飞行员和空中交通管制部门的职责是相互关联的，二者都必须负责航空器的安全运作。

的确，法律法规赋予机长最后的决定权并且要求机长承担航空器的安全与运作，但是机长在履行职责的过程中在很大程度上必须依赖空中交通管制部门提供的服务。这些服务并不止是信息的提供，也不仅局限于手册中规定原则的应用，而是要求空中交通管制人员尽职尽责，对其指挥管辖之下的航空器的安全运作保持高度的责任心和警惕性。机长和空中交通管制人员的作用是相辅相成的，应该说他们在航空器的安全运作中共同承担着十分重要的职责，来不得半点马虎。

阅读材料

我国首个责任事故空难报告公布，无赔偿上限或 100 万元起步

1. 伊春空难定性"人祸"，无上限赔偿或 100 万元起步

2012 年 6 月 29 日，国家安全生产监督管理总局通过其网站发布了《河南航空有限公司黑龙江伊春"8·24"特别重大飞机坠毁事故调查报告》（以下简称《调查报告》）。《调查报告》显示，河南航空有限公司黑龙江伊春"8·24"特别重大飞机坠毁事故是一起"责任事故"，这是新中国历史上第一次被定性为"责任事故"的空难。

"这是国内首次向社会大众公开空难事故的原因，不仅是政府民主政治的进步，更是履行职责、抚慰受害家属的表现。"中国航空法律服务中心首席专家、中国民航大学教授张起淮告诉记者。

业内人士表示，《调查报告》将伊春空难认定为"责任事故"意味着，空难的赔偿将突破此前的限制，包括此前 30 名遇难者家属签署的免责协议也应被认定为无效。张起淮认为，伊春空难的法定赔偿额至少为 100 万元，且上不封顶。

2. 首个空难报告出炉

2010 年 8 月 24 日，河南航空的 E190 飞机发生了举国震惊的伊春空难，终结了中国民航保持了 2102 天的飞行安全纪录。

飞机落地起火后，坐在第 23 排的张新海踹开了舱门，部分旅客得以逃生。张新海形容那一刻"人就像下饺子一样往下跳"，他没有想到，正是因为他打开了舱门，才让这些人得以躲避飞机爆炸，死里逃生。最终，伊春空难造成 44 人遇难，54 人受伤。

随之而来的是漫长的赔偿之路。在 44 名遇难者家属中，有 30 名与河南航空签署了免责协议，并拿到了 96 万元人民币的赔偿，14 名遇难者家属拒绝了这个方案。

而像张新海这样的伤者，至今没有取得任何赔偿。"河南航空派驻了一个小组负责联络受害者，高洪亮（音）在哈尔滨负责与我接洽，所有的治疗费用也都由河南航空负责。"张新海告诉记者。

现在，张新海依然有遗留的咳嗽与头晕症状，被医院认定为哮喘。不过他一直没有向河南航空提起赔偿，因为"不明白事故原因，责任不明"。

现在，6 月 29 日公布的这份《调查报告》让他看到了希望。《调查报告》显示，造

成事故的直接原因有 3 个：一是机长在低于公司最低运行标准的情况下，仍然实施进近；二是飞行机组在飞机进入辐射雾、未看见机场跑道、没有建立着陆所必需的目视参考的情况下，仍然穿越最低下降高度实施着陆；三是飞行机组在飞机撞地前出现无线电高度语音提示，且未看见机场跑道的情况下，仍未采取复飞措施——简而言之，这是一起"人祸"。

《调查报告》认为，伊春空难是一起"责任事故"。据悉，这是新中国成立以来第一次向公众披露空难的调查结果，也是民航业内第一次用"责任事故"来定性空难。

3. 航空公司、管理局、空管局三方追责

《调查报告》显示，将有 20 余人因伊春空难受到处罚。其中，事故当班机长齐全军的处分最为严重。

一位接近中国民航局的人士告诉记者，空难发生后，面对中国民航局领导的调查，事故机长一度一言不发。

而《调查报告》显示，除了导致飞机撞地之外，事故机长没有组织旅客撤离，没有救助受伤人员，而是擅自撤离飞机，因此建议吊销其飞行驾驶员执照，给予开除公职、开除党籍的处分，依法追究其刑事责任。

张起淮告诉记者："事故机长或处 3 年以上 7 年以下有期徒刑。"他进一步解释说，《刑法》第一百三十一条规定了重大飞行事故罪，如果航空人员违反规章制度，致使发生重大飞行事故，造成严重后果的，处 3 年以下有期徒刑或者拘役，造成飞机坠毁或者人员死亡的，处 3 年以上 7 年以下有期徒刑。同时，中华人民共和国国家标准《民用航空器飞行事故等级》（GB 14648—93）规定，死亡人数在 40 人及其以上者和航空器失踪为特别重大飞行事故。

同时，河南航空的相关责任人也受到降级、党内警告等处分，其中，最为严重的有 3 人，河南航空总飞行师戚燕军、河南航空副总经理朱南和河南航空总经理李强都"建议给予开除"。

一同接受处分的还有中国民航河南安全监督管理局、中国民航中南地区管理局、中国民航东北地区管理局和中国民航中南空管局气象中心的人员。此外，《调查报告》还建议对河南航空处以 500 万元的罚款。

"回顾我国以往的历次空难，尽管航空公司内部会追查飞行员的责任，但是对外从来没有认定'责任事故'。因为可能涉及伤难者家属甚至飞行员家属的诉讼，取证必须非常详细，认定必须非常谨慎。"中国民航管理干部学院前院长田保华告诉记者。

而在奥凯航空有限公司执行副总裁刘捷音看来，这是民航史上的一个里程碑。"飞行员首次因空难追究刑事责任，会让飞行员更加意识到安全责任，从而引发整个民航对于飞行安全和飞行员培训的大整顿。"在他看来，《调查报告》的公布会开创一个历史新阶段，今后民航的追责会更加透明。

【引发思考】

作为中国民航第一起定性为"责任事故"的空难，是否无限额赔偿？

业内人士指出，作为中国民航第一起定性为"责任事故"的空难，很多空白地带尚需摸索。其中最重要的，就是针对死伤旅客的赔偿。

根据我国《国内航空运输承运人赔偿责任限额规定》，每名旅客的赔偿责任限额为人民币40万元，但《民用航空法》第一百三十二条规定了此责任限制的例外原则，即航空运输中的损失是由于承运人或者其受雇人、代理人的故意或者明知可能造成损失而轻率地作为或者不作为造成的，承运人无权援用本法有关赔偿责任限制的规定。

在张起淮看来，伊春空难应该排除责任人责任赔偿限制额。他向记者表示，依据《中华人民共和国侵权责任法》（以下简称《侵权责任法》），因同一侵权行为造成多人死亡的可以"同命同价，就高不就低"。根据北京城镇居民的标准，他测算出来伊春空难的法定赔偿额——最少也需要100万元。

他特别指出，此前签署免责协议的30名遇难者家属，因为伊春空难被定性为"责任事故"，相应的免责协议也被认定为无效。

"我建议在新的赔偿协议中加入河南航空股东深圳航空的连带责任，或加入其相应担保责任，以对空难当事者做到真正的负责。抑或政府应筹立专项空难赔偿救助基金，对受害者先行给付，再由政府向河南航空及相关责任方进行追偿，都不失为有效的方法。"张起淮表示。

【引发思考】

河南航空重组是否影响赔偿？

现在，这一场历时22个月的空难调查大幕正在徐徐落下帷幕。

然而后续的问题正在陆续浮现。"随着伊春空难事故责任的明确，随之而来的是受害者所受损害的法律救济问题。"张起淮提醒记者，河南航空已于2011年10月24日被裁定受理破产。

空难发生时，河南航空的身份扑朔迷离。其前身是鲲鹏航空，深圳航空占据51%的股份，两家境外公司平山公司、山岳公司持有余下股份。

（资料来源：http://news.cb.com.cn/html/24/n-569024.html）

本 章 小 结

本章通过介绍航空人员的组成及其承担的法律责任，让学生了解航空人员的地位和作用，了解航空人员的资格管理制度及其相关要求，熟悉机长与机组人员的法律责任，明确航空人员的职务定位。

本章重点：航空人员的管理制度。

本章难点：机长的法律责任和职责权限。

思 考 与 练 习

1．航空人员的法律责任有哪几类？

2．如何认识航空人员的地位和作用？

3．法律规定机长有哪些职责？

4．简述航空人员的日常行为规范。

第5章 民用航空机场

民用机场是民用航空活动的主要场所，把民用机场的管理纳入法制化轨道，对于保证民用航空飞行安全，提高服务质量，以及促进我国民用航空事业实现持续、快速、健康发展的良性循环，具有重要意义。

5.1 机场概述

5.1.1 机场的定义

关于机场的概念，各国立法表述不尽一致。1944 年《芝加哥公约》附件 14 把机场的定义表述为"在陆地上或水面上一块划定的区域（包括各种建筑物、装置和设备）其全部或部分意图供飞机降落、起飞和地面活动之用"。

《民用航空法》第五十三条对民用机场的定义是，民用机场是指专供民用航空器起飞、降落、滑行、停放及进行其他活动使用的划定区域，包括附属的建筑物、装置和设施。本法所称民用机场不包括临时机场。

　　民用机场主要由飞行区、旅客航站区、货运区、机务维修设施组成，此外还包括供油设施、空中交通管制设施、安全保卫设施、救援和消防设施、行政办公区、生活区、生成辅助设施、后勤保障设施、地面交通设施及机场空域等。

5.1.2　机场的分类

　　机场从使用性质上可分为民用机场、军用机场和军民合用机场。航空法中的机场一般特指民用机场。

　　我国的民用机场分为国际机场和国内机场。国际机场是指向国际民用航空组织登记并对外开放，可以接受外国航空器起降或备降的机场。我国的国际机场又可分为国际定期航班机场（含国家门户机场）、国际定期航班备降机场、国际不定期飞行机场、国际不定期飞行备降机场和国际通用航空机场（我国暂不设）。国内机场是指我国国际机场以外的一切其他机场，包括香港特别行政区、澳门特别行政区及中国台湾地区航线机场、国内航空干线机场、国内航空支线机场及国内通用航空机场。

　　依据机场所服务的航线和规模，我国的民用机场习惯上可以分为 3 类。第一类是连接国际、国内航线的密集的大型枢纽机场，如北京首都机场、上海浦东机场、广州白云机场、香港赤腊角机场、澳门机场等，它们是中国最主要的国际门户机场。第二类是以国内航线为主，空运吞吐量较为集中的国内干线机场，主要是指省、自治区、直辖市首府及重要工业、旅游、开放城市的机场，如合肥机场、张家界机场等。第三类是地方航线或支线机场，大多分布在各省、自治区地面交通欠发达地区，规模较小，等级也较低，如西藏机场。

　　根据机场的使用范围，我国的民用机场可以分为运输机场、通用航空机场、试飞机场、训练机场和航空俱乐部机场。运输机场是指从事民用航空运输经营活动，同时也可用于通用航空活动的机场；通用航空机场是指为工业、林业、农业、牧业、渔业生产和国家建设服务的作业飞行，以及从事医疗卫生、抢险救灾、海洋及环境监测、科学实验、教育训练、文化体育及游览等项工作活动之用的机场；试飞机场是指为飞机研制、修理后进行试飞的工厂专用机场；训练机场是指民航飞行学院为培养和训练民航飞行人员的学校专用机场；航空俱乐部机场是指专供航空俱乐部所属会员训练、比赛专用的机场。

5.1.3　机场的管理法规

　　机场作为保障航空安全的重要基础设施，如何布局、建设、管理和经营，以及处理与周围环境的关系，都需要在法律上加以规范，并以此作为机场进行相关活动的依据和保障。机场设在一国领域内，所产生的社会关系，主要由该国的国内法来调整，但应尽可能地采用国际规范和通行做法，以求得技术标准和法律规范在可行的范围内最大限度的统一。然而对于机场的经营，国际上却没有统一的规定。

　　我国现行调整机场的法律规范主要是《民用航空法》。该法第六章"民用机场"共 17 条，包括民用机场的概念、民用机场的布局和建设规划的审批程序、新建和扩建民用机场的公告程序、民用机场的安全保卫及净空保护、障碍物的清除、民用机场使用许可证的申请条件及审批程序、国际机场开放使用的特殊条件及审批程序、民用机场保证安全及搞好服务工作的原则要求、民用机场的环境保护、使用民用机场及其助航设施的使用费和服务费及民用机场的废弃或改作他用的报批程序等内容。国家其他法律中涉及机场的内容亦须遵照执行。国家还发布了一批有关机场管理的行政法规及大量的民用航空规章。此外，各个机场都有自己的管理细则和机场使用细则，结合实际情况实施机场管理。

5.1.4　机场的法律地位

在论述机场法律地位问题时，主要指的是民用机场的法律地位。军用机场所适用的规则和管辖与民用机场的规则和管辖是不同的。涉及民用机场的法律问题通常有以下4个方面。

1. 机场的所有权问题

在航空法中，机场在性质上是民用的，从其所有权的属性来看，机场的所有权既可以归国家所有，也可以归私人所有，还可以两者兼有。例如，美国的机场大多数为私人所有，欧洲的机场则大都由政府保持一定程度的控制。

我国民用机场从其所有权性质上看，也正逐渐地实行改革，随着机场管理权和经营权的下放，也正在按照现代企业的要求逐步地向法制化的轨道前进。2002年3月，国务院制定印发了《民航体制改革方案》，提出了"机场属地化"。中国民航总局不再管理这些机场的日常运营，而由地方政府自负盈亏。尽管在改革前后，行业亏损的局面并没有明显改变，但属地化无疑加强了地方对机场的责任感，提高了各经营主体的自主权，机场开始向企业化的市场主体的转变。

2. 机场经营人的法律责任问题

当由于机场的原因导致航空事故发生时，机场经营人一般应当承担民事责任。机场作为赔偿主体是适格的，关键问题是机场赔偿的法律依据尚存缺陷。从各国现行的航空法的规定来看，对机场承担责任的方式有所不同。国际上也没有统一的规定。就我国而言，对机场法律责任问题的规定更是十分欠缺。

目前关于机场的法律责任问题，主要集中在行政责任和刑事责任方面。这与我国传统的机场管理体制有关。如何完善机场的民事法律责任制度，对机场的长远发展和相对人权益的保护都有重大意义。

3. 机场管理的法律形式

从各国对机场的投资与管理体制进行分析，依据不同国情而各不相同，即使在同一国家内，不同机场的体制也不相同。但在具体管理和运作方式上，却存在广泛的同一性，即普遍采用市场化运作模式。无论是国家投资、法人投资还是私人投资兴建的机场，最终都以机场公司的形式进行运作，而不作为公共事业由国家直接管理，这也是近年来国际上机场建设与管理的发展趋势。

2004 年 7 月 8 日，甘肃省内的兰州、敦煌、嘉峪关和庆阳 4 家机场正式划归地方管理，至此，我国内地除了北京首都机场和西藏自治区境内的机场之外，所有民航机场都已经归属地方政府管理。在此之前，全国大部分地区的机场都已经完成了这些步骤。原来由中国民航总局直接管理的 93 家机场的国有资产和人员平稳地移交给了地方政府，移交之后中国民航局对这些机场实行行业管理。

4. 机场与使用人（航空公司）之间的关系

从航空公司的角度来看，需要机场为其提供飞机起降的跑道、停场的滑行道、停机坪；提供旅客上下飞机的廊桥、登机梯、摆渡车等；提供飞机的指挥与引导、飞机的监护及机务服务；提供货邮及行李装卸服务；提供基本值机服务的离港系统、安全检查服务的安检系统及候机的场所与设施；提供后台服务的配载系统及空中交通管制系统，或者柜台租赁服务等。在实际服务管理中，这些服务管理内容有可能出现多种关系：一是航空公司将这些服务委托给机场代理，在这种模式下，航空公司不但需要向机场交纳起降费、停场费、旅客服务费等航空性收费，还需要向机场交纳其他非航空性收费，这是航空公司认为机场是资源垄断者的主要起因；二是航空公司租赁柜台与场地的自行服务，在这种模式下，航空公司只需向机场交纳租赁费，在基地机场甚至不需要交纳任何费用，这是机场将航空公司视为竞争者的直接原因；三是航空公司将这些服务委托给第三方代理，在我国，严格意义上的第三方代理还不多见（主要是由机场或其他航空公司代理），更多地只是一种变通的方式。但是，这是解决航空公司与机场之间利益纷争的最佳途径，也是未来机场向管理型发展的主要服务管理模式。

5.2　机　场　管　理

5.2.1　民用机场的管理体制

1993 年 7 月 13 日第 34 号民航总局令发布《民用机场运营管理暂行办法》，第三条明确规定中国民航总局对全国民用机场实施行业管理。

民航地区管理局根据有关规定和中国民航总局的授权，行使其所辖范围内的民用机场监督管理职能。与此同时，中国民航总局还曾经是机场的投资者和经营者，但这种管理模式有局限性，没有发挥地方的积极性。

2003 年 9 月 4 日，国务院批复中国民航总局《省（区、市）民航机场管理体制和行政管理体制改革实施方案》。按国务院批准的方案，除了早先移交的机场之外，93 家机场（北京首都国际机场和西藏自治区的机场不在这次移交之列）在 2004 年内移交地方政府管理。2004 年 7 月 8 日，中国民航总局将甘肃省内的 4 个机场移交甘肃省人民政府管理，标志着民航机场体制改革的完成。

从机场移交之日起，对机场的安全生产和空防安全工作，机场所在的省（区、市）政府承担领导责任，机场管理机构承担直接责任，中国民航局、民航地区管理局承担行业管理责任。移交比较早的上海市，通过地方立法，规定了相关部门对机场管理的职能。

5.2.2 民用机场的使用许可制度

从 2005 年 11 月 7 日开始，我国民用机场实行许可制。民用机场取得使用许可证方可开放使用，取得使用许可证并已开放使用的机场，机场管理机构不得擅自关闭机场。我国国务院于 2005 年 8 月 31 日发布的《民用机场使用许可规定》中，规定了机场使用许可管理和使用许可证的有关内容。该规定适用于民用机场和军民合用机场的民用部分的适用许可管理及相关活动，但不适用于临时机场。

1. 机场使用许可管理机构

中国民航局负责对民用机场使用许可及其相关活动的统一管理和持续性监督检查，包括 5 个方面的内容：①制定有关规章、标准，并依法监督检查机场运行情况；②审批并颁发飞行区指标为 4E（含）以上运输机场的民用机场使用许可证；③负责运输机场名称的批准；④设立国际机场的审核；⑤法律、行政法规规定的其他有关职责。

民航地区管理局则负责对所辖区域内的民用机场使用许可实施监督管理。其监督管理工作包括以下内容：①根据中国民航局授权审批颁发本辖区内飞行区指标为 4D（含）以下运输机场和通用机场的民用机场使用许可证；②负责本辖区内通用机场名称的批准；③监督检查本辖区内民用机场的运行情况；④中国民航局授权的其他职责。

2. 机场使用许可证

我国《民用航空法》规定，民用机场应当持有机场使用许可证，方可开放使用。而在《民用机场使用许可规定》中，除了在其第五条中有与前者相同的规定之外，还做了进一步的规定。

使用许可证的内容主要包括机场名称、机场所有者法定代表人、机场管理机构名称、飞行区指标、可使用机型、使用许可证编号、机场管理机构法定代表人、机场使用性质、道面等级号、消防救援等级、跑道运行类别、目视助航条件等。此外，该规定还包括其他一些格式条款。

3. 机场使用手册

民用机场的使用手册是随同民用机场使用许可证一并批准机场运行的基本依据，机场管理机构应当严格按照手册运行和管理机场。机场管理机构应当对手册实行动态管理。民用机场的使用手册应当包括以下 5 个方面的主要内容。

1）编制民用机场使用手册的目的和适用范围，对手册的使用管理要求，机场管理机构的责任，机场管理机构（法定代表人）的承诺。

2）描述机场安全管理系统，包括机场内设的组织机构、人员及其职责，机场安全管理的方针政策，机场安全运行的信息管理和报告制度等。

3）机场运行程序和安全管理要求，包括飞行区场地管理、目视助航设施及机场供电系统管理、机坪运行管理、机场控制区内车辆及驾驶人员的管理等。

4）机场应急救援预案，主要包括应急救援的组织机构、人员及其职责，应急救援的具体项目及相应的预案，有关单位的协议分工等。

5）机场资料及附图，包括跑道与升降带，滑行道，机坪，障碍物，通信、导航、航管、气象等设施的说明及其他图片资料。

5.2.3 机场设施管理

1. 机场场道管理

机场场道与飞机的起降安全直接相关。因此，为了保证民用机场的安全适用，必须制定有关机场场道的技术标准。1944 年《芝加哥公约》附件 14《机场》在这方面做了详细的规定。与此同时，我国民航总局也发布了《民用机场飞行区技术标准》（MH 5001—2006），与附件 14 的内容相适应。

对机场场道的管理主要包括机场道面检查清扫制度、机场道面摩擦特性标准、机场场道的检查维修制度、机场道面的除雪和除冰等。

2. 航站楼的管理

航站楼包括候机楼和运货中心。机场管理机构对航站楼实施管理，其管理内容包括制定航站楼的整体布局；管理航站楼内的各种设施；对航站楼内的房屋和场地进行管理；负责航站楼内的治安管理；提供其他服务，如医疗救护、问询等服务。

3. 机场专用设备的管理

机场专用设备，是指为保障航空器飞行和地面运行安全，在民用机场内用于航空器地面保障、航空运输服务等作业的各种专用设备。机场专用设备包括飞行服务设备、航空地面电源、飞行区服务设备等。这些专用设备与机场的各种管理制度相互配合而加以使用，与机场的正常运作有密切的关系。

机场专用设备必须具备使用许可证才能使用，申请许可证必须具备《民用机场专用设备使用管理规定》第七条所列的条件。未取得使用许可证的专用设备不得用于航空器地面保障、航空运输服务等作业活动。

中国民航局负责机场专用设备的使用许可和持续监督管理，民航地区管理局负责对辖区之内在用的机场专用设备实施监督管理。其管理内容主要包括专用设备的定期检验制度；专用设备的日常检查和维护；报告制度；民航地区管理局应将专用设备的使用安全纳入民用机场运行安全检查范围，并将检查中发现的重大问题及时报告中国民航局。

5.2.4　民用机场净空及环境保护制度

为了保障民用航空活动安全和民用机场有秩序地运行，保护民用机场的净空环境，我国《民用航空法》、《民用机场管理条例》、《民用机场运行安全管理规定》对此做了详细规定。

1. 民用机场净空及电磁环境保护

为了保障民用航空活动安全，机场都会依法划定净空保护区域，《民用机场管理条例》第四十六条规定，由机场所在地地区民用航空管理机构和有关地方人民政府划定民用机场净空保护区域；第五十三条规定，由机场所在地地方无线电管理机构会同地区民用航空管理机构确定民用机场电磁环境保护区域。

电磁环境保护区域，是指为保障民用航空无线电台（站）正常工作，按照国家标准划定的用以排除非民用航空的各类无线电设备和非无线电设备等产生的干扰所必需的空间范围。

民用航空管理部门和机场管理机构应当加强对民用机场净空状况的核查。机场所在地县级以上地方人民政府也应当及时采取有效措施，消除对飞行安全的影响。民用航空无线电专用频率受到干扰时，机场管理机构和民用航空管理部门应当立即采取排查措施，及时消除干扰。

此外，对在保护区域内从事的特定活动提出了相应的要求。例如，县级以上地方人民政府审批民用机场净空保护区域内的建设项目，应当书面征求民用机场所在地地区民用航空管理机构的意见；在民用机场净空保护区域内设置 22 万伏以上（含 22 万伏）的高压输电塔的，应当按照国务院民用航空主管部门的有关规定设置障碍灯或者标志，保持其正常状态，并向相关监管部门和机场管理机构提供有关资料；在民用机场电磁环境保护区域内设置、使用非民用航空无线电台（站）的，无线电管理机构应当在征求民用机场所在地地区民用航空管理机构意见后，按照国家无线电管理的有关规定审批等。

2. 民用机场环境保护

一个机场的建设无可避免地会影响到所在区域的生态环境，为把这种负面影响降至最低点，各个国家做了很多努力。我国《民用航空法》第六十七条规定："民用机场管理机构应当依照环境保护法律、行政法规的规定，做好机场环境保护工作。"我国《民用机场管理条件》第五十九条至第六十二条从规划控制、适航标准及技术控制等方面就减少民用航空器噪声做了较为详细的规定。

1）明确规定地方政府应当通过规划控制来降低航空器噪声对机场周边地区的影响。《民用机场管理条例》要求民用机场所在地有关地方人民政府制定民用机场周边地区的土地利用总体规划和城乡规划，应当充分考虑民用机场航空器噪声对周边地区的影响，符合机场周边地区声环境标准的控制要求。另外，该条例还规定，民用机场所在地有关地方人民政府应当在民用机场周边地区划定限制建设噪声敏感建筑物的区域并实施控制。

2）要求民用航空器应当符合国家的相关噪声适航标准，否则不得在民用机场起降。要降低航空器飞行造成的噪声污染必须不断改进航空器的设计和制造，减少航空器的噪声影响，这需要在航空器型号和适航合格审定环节严格控制高噪声飞机的引进与使用。该条例规定，不符合噪声适航标准的民用航空器不得在我国民用机场起降。

3）规定机场管理机构、航空运输企业、空中交通管理部门等有关单位应当采取技术手段和管理措施控制民用航空器噪声的影响。具体而言，机场管理机构可以商请地方人民政府，合理规划发展用地，控制机场噪声可能造成的影响；航空运输企业可以通过购买、租赁低噪声的新一代航空器取代高噪声的老、旧航空器；空中交通管理部门可以在保证飞行安全和正常运行的前提下，通过修改飞机进港、离港路线或者限制飞机在机场起降时间等措施，减少航空器噪声对附近地区的影响。

5.2.5　民用机场安全管理制度

随着民用航空运输业的飞速发展，非法干扰航空活动及航空安全事件日益增多。为了保证航空运输安全，我国《民用航空法》及《民用机场管理条例》规定，民用机场投入使用必须有健全的安全管理制度和符合国家规定的民用航空安全保卫条件，对乘坐民用航空器的旅客及其行李，以及进入候机隔离区或民用航空器的其他人员和物品，必须接受安全检查，以保障民用机场的安全和正常运行。

1. 机场安全管理制度

机场安全管理制度的主要依据是自 2008 年 2 月 1 日起施行的《民用机场运行安全管理规定》，该规定共 14 章 317 条，分别就机场安全管理、飞行区管理、目视助航设施管理、机坪运行管理、机场净空和电磁环境保护、鸟害及动物侵入防范、除冰雪管理、不停航施工管理、航空油料供应安全管理和机场运行安全信息管理等内容进行了详细规定。主要制度有以下两点。

（1）机场安全管理组织

《民用机场运行安全管理规定》第三条规定："机场管理机构对机场的运行安全实施统一管理，负责机场安全、正常运行的组织和协调，并承担相应的责任。航空运输企业及其他驻场单位按照各自的职责，共同维护机场的运行安全，并承担相应的责任。中国民航局对全国机场的运行安全实施统一的监督管理。民航地区管理局对本辖区内机场的运行安全实施监督管理。"

（2）机场安全管理制度

机场安全管理制度，根据《民用机场运行安全管理规定》第十一条至十七条的规定，主要有以下 5 个方面。

1）安全生产例会制度。机场管理机构应当定期召开安全生产分析会，对前一阶段的工作进行总结，对以后的工作进行部署，并对机场运行中出现不利于安全运行的因素或者已经出现安全生产事故时，及时制定切实可行的安全措施。

2）安全状况定期评估制度。机场管理机构要组织具有机场运行管理经验的人员或委托专业机构对机场的运行安全状况进行定期评估。根据规定，对评估中发现的安全隐患、薄弱环节，相关单位应当制订整改计划，明确整改的部门和人员，机场管理机构负责跟踪督促、落实整改计划。例如，《民用机场运行安全管理规定》第四十四条规定，机场管理机构应当至少每 5 年对跑道、滑行道和机坪道面状况进行一次综合评价。第九十一条规定，机场管理机构应当定期对机场目视助航设施进行评估，以避免因滑行引导灯光、标志物、标志线、标记牌等指示不清、设置位置不当产生混淆或错误指引，造成航空器误滑或者人员和车辆误入跑道、滑行道的事件。

3）机场资料库制度。机场管理机构应当建立并及时更新和补充机场资料库，以供员工查阅和使用。资料库应当包括国家有关法律法规、民航规章、标准及其他规范性文件，1944 年《芝加哥公约》及相关附件、手册，机场建设和改（扩）建的设计图纸和文件资料，与机场运行安全相关的所有规定、标准、手册等文件，机场设施设备的技术资料及运行和维护记录等。机场管理机构还应当依据法律法规、民航规章和标准编制民用机场使用手册。手册应当具有可操作性、实用性，能满足机场运行安全管理工作需要，有利于不断提高机场的安全保障能力和运行效率。

4）定期检查检测制度。机场管理机构应当依据有关规定，建立定期检查检测制度。检查检测制度应当包括检查周期、检查内容、通报程序和检查记录等。《民用机场运行安全管理规定》对跑道、助航灯光系统、机坪、电磁环境保护、不停航施工等都规定了定期检查检测制度。机场管理机构应当制定各项工作的记录，详细记录各项检查和维护情况。

5）人员资质及培训制度。机场内所有与运行安全有关岗位的员工均应当持证上岗，该岗位人员应当持有相应的资格证书。机场管理机构还应当建立员工培训和考核制度。培训和考核的内容应当与其岗位相适应，包括必备的安全知识、技术标准、机场运行安全的规章制度、岗位的操作规程和实际操作技能等。保证员工具备必要的机场运行安全知识，熟悉机场运行安全相关的规章制度和操作规程，掌握本岗位的操作技能。机场管理机构应当建立员工培训和考核记录，并长期保存。例如，《民用机场运行安全管理规定》第一百四十条规定，所有在机坪从事保障作业的人员，均应当接受机场运行安全知识、场内道路交通管理、岗位作业规程等方面的培训，并经考试合格后，方可在机坪从事相应的保障工作。

2. 民用机场的安全保卫制度

民航空防安全与飞行技术安全是民航航空安全的两大组成部分，两者缺一不可，共同构成民航工作的永恒主题。在航空安全的各种因素中，一般认为起主要作用的是航空器本身的性能及技术操作水平，即飞行技术安全问题。民航安全的另一重要组成部分是空防安全，其核心是防止人为干扰、破坏飞行安全的行为。民航运输的特点决定了民航地面设施及民用航空器容易成为违法犯罪的目标，且由于破坏民航飞行带来的后果十分严重，凸显出民航空防安全管理的极端重要性。从 20 世纪 60 年代起，国际民航组织先后组织召开了多次会议，订立了一系列预防、惩治危害国际航空安全犯罪的公约。这些公约包括 1963 年

《东京公约》(即《关于在航空器内的犯罪和其他某些行为的公约》);1970 年《海牙公约》(即《关于制止非法劫持航空器的公约》);1971 年《蒙特利尔公约》(即《关于制止危害民用航空安全的非法行为的公约》);1988 年《蒙特利尔公约补充议定书》(即《制止在为国际民用航空服务的机场上的非法暴力行为的议定书》)等。

我国国内法的主要依据是国务院于 1996 年 7 月 6 日颁布的《民用航空安全保卫条例》、中国民航局制定的自 1999 年 6 月 1 日起施行的《中国民用航空安全检查规则》、自 2008 年 11 月 8 日起实施的《公共航空旅客运输飞行中安全保卫规则》等。

3. 民用机场的安全保卫管理组织体系

我国的航空保卫实行的是三级管理组织体系。

第一级是中国民航局公安局。我国《民用航空安全保卫条例》第三条规定:"民用航空安全保卫工作实行统一管理、分工负责的原则。民用航空公安机关(以下简称民航公安机关)负责对民用航空安全保卫工作实施统一管理、检查和监督。"中国民航局公安局作为中国民航保安主管部门,统领中国民航局的航空保卫工作,负责制定航空保卫政策和规章,并且监督其在全国的贯彻执行。

第二级是民航地区管理局公安局。民航地区管理局公安局负责航空保安政策和规章在本地区的贯彻执行并对辖区内的航空公司、机场等执行航空保安规章情况进行监督检查。

第三级是民航各地区管理局派驻各省的航空安全监察管理办公室内设的航空保安处。航空保安处负责航空保安工作的日常监管,具体工作由监察员执行。根据《中国民用航空监察员规定》,执行监察工作的人员须经专业培训,取得《中国民航局颁发的中国民用航空监察员证》后方能依法履行政府监督管理职能。其主要职责范围包括检查监督航空企业和个人贯彻执行民航法律、行政法规、规章和规范性文件的情况;主持或者参与事故、纠纷的现场调查;对违法行为进行检查处理,并办理行政处罚事项。

4. 旅客、行李和货物等的安全检查制度

多年来,我国民航系统投入了大量人力、物力,不断改善和更新机场航空保安装备设施,建立了严密的安全检查程序和制度。

《中国民用航空安全检查规则》规定:"乘坐民用航空器的旅客及其行李,以及进入候机隔离区或民用航空器的其他人员和物品,必须接受安全检查;但是,国务院规定免检的除外。安检工作包括对乘坐民用航空器的旅客及其行李、进入候机隔离区的其他人员及其物品,以及空运货物、邮件的安全检查;对候机隔离区内的人员、物品进行安全监控;对执行飞行任务的民用航空器实施监护。"

对旅客人身和装入航空器的物品实行安全检查是防止非法干扰民用航空活动特别是劫机、炸机的关键环节。旅客、行李和货物的安全检查制度包括对设立安全检查机构实行许可制度;对安检部门使用的安检仪器实行认可准入制度;对机场控制区实行严格的封闭式管理;办理登机手续时核对旅客机票和身份证件;禁止旅客利用机票为他人代运

物品；开发和使用安检信息管理系统；航空货物特别是危险品安全检查制度等一系列防范措施和制度。

5. 空中反劫机预警制度

我国政府一贯反对任何形式的恐怖主义，主张加强国际合作，实行标本兼治，防范和打击恐怖活动。多年来，我国积极采取各种措施，加强空防安全工作，不断加大反恐力度。我国恪守关于航空保安的国际公约，监督实施国际民航组织在航空保安方面的标准，在制定了一系列有关航空保安的国内法律和规章的同时，还专门制定了《国家处置劫机事件总体预案》，成立了国家级处置劫机事件的指挥机构和从上到下的各级机构。规定了处置劫机事件时各级机构的职责分工、程序及注意事项。各级主管单位及成员单位也制定了相应的反劫机预案。为了进一步健全反劫机预警机制，国家还专门组建了空中警察队伍和航空安全员队伍，坚决预防、制止、打击包括劫机在内的各种形式的恐怖活动和危害航空安全的行为。

6. 航空保安审计制度

航空保安审计是对机场在航空安全保卫方面进行的一次全面、客观的检查，航空保安关系到国家安全，各国政府十分重视航空保安。按照1944年《芝加哥公约》附件17的第10次修正案规定的标准为基本内容，国际民航组织在188个成员国的支持下，决定从2002年开始，在全球实施普遍航空保安审计计划。该计划的目标是通过确定各缔约国航空保安系统的潜在缺陷、危险，以及为他们改进或解决这些缺陷而提供的推荐性意见，使各个国家的航空保安水平达到国际民航组织规定的标准。航空保安审计是在现行航空保安管理体制下行之有效的工作方式，自2004年国际民航组织对我国北京、西安和昆明机场开展航空保安审计以来，我国民航也从2005年开始对全国机场开展航空保安审计工作，并参照国际民航组织的做法，在中国建立起统一的、系统的、全面的和强制的航空保安审计制度，以进一步强化政府民航行政管理部门对民用航空各单位的监督检查职能。《国家民用航空保安审计规则》规定我国民航局所属公安局及其派出机构按照规定对机场管理机构、公共航空运输企业等有关单位执行情况进行定期检查，确定执行效果。在定期检查的基础上，每年由中国民航局安排，对选定的机场和公共航空运输企业进行全面的航空保安审计，确保安全保卫措施执行的稳定性和连续性。

5.3 国际机场与联检制度

国际机场作为国际航班出入境的机场，一方面要承担国际航线业务和飞行安全工作，而另一方面，国际机场也是一国对外交往的门户之一。相对于国内民用机场来说，理应对国际机场有更高的要求与更严格的规范。这一点也体现在我国有关国际机场申请程序和申请条件的法律规定之中。

5.3.1　国际机场的审批机构和报批程序

国际机场的设立，应当经过中国民航局审核后报国务院批准。若机场未经国务院批准进行对外开放的运输业务，则不得开展国际、香港、澳门、台湾航线航班业务。

现有的运输机场申请设立国际机场，应当由机场所有者或者机场管理机构征得机场所在地人民政府的同意后，向中国民航局提出申请，中国民航局收到申请文件并征得国务院有关部门的同意后，提出审核意见报请国务院审批。

同时，根据《国务院关于口岸开放的若干规定》第四条的规定，国际机场属于一类口岸。因此国际机场的报批还应当遵守该规定中有关口岸开放报批程序的规定。

5.3.2　国际机场的申请条件

与国内民用机场相比，国际机场申请的条件要求更高。《民用航空法》第六十二条规定，国际机场还应当具备国际通航条件，设立海关和其他口岸检察机关。

根据 1944 年《芝加哥公约》的规定，国际通航条件主要包括以下 3 个方面的内容。

1）机场的设施应当与 1944 年《芝加哥公约》及其附件的标准和措施相符合。依照 1944 年《芝加哥公约》第二十八条规定，公约的缔约国在认为可行的情况下，根据依本公约随时建议或制定的标准和措施，在其领土内提供机场、无线电服务、气象服务及其他航行设施，以便利国际空中航行。

2）应当设立海关和其他口岸检察机关。这一要求是为了与 1944 年《芝加哥公约》的规定相适应。公约第十条规定："除按照本公约的条款或经特许，航空器可以飞经一缔约国领土而不降停外，每一航空器进入一缔约国领土，如该国规章有规定时，应在该国指定的机场降停，以便进行海关和其他检查。当离开一缔约国领土时，此种航空器应从同样指定的设关机场离去。"国际机场必须具备海关检查及其他检查的能力，因而国际机场又称设关机场。

3）国际机场的资料应对外公告。所有指定的设关机场的详细情形，应由机场所在国公布，并送交国际民用航空组织，以便通知所有其他缔约国。我国《民用航空法》第六十四条也规定："国际机场的开放使用，由国务院民用航空主管部门对外公告；国际机场资料由国务院民用航空主管部门统一对外提供。"

5.3.3　国际机场的联检制度

联检制度是进出境的航空器检查的特殊形式，包括边防检查、海关检查、卫生检疫、动植物检疫及进出口商品检验。

根据 1944 年《芝加哥公约》第十条的规定，外国航空器进入一国国境内，应当在该国制定的设关机场降停、起飞，以便接受联检机构的检查。因此，一国有权要求进入其境内的外国航空器在指定的设关机场起降并办理有关当局要求的检查检验手续。由此看来，实行联检制度，是维护国家主权，保障国家利益和人民安全，以及防止发生不法事件的必要手段。

1. 边防检查

根据我国公民及外国人出入境管理的相关法律，由边防检查机关对出入境人员进行边防检查。我国由公安部主管出境入境边防检查工作，在国际机场设立出境入境的边防检查站，负责对出入境人员及其行李、物品、航空器及其载运的货物实施边防检查，并按国家有关规定对出入境的航空器进行监护。出入境人员和航空器必须经国际机场或主管机关特许的地点通行，接受边防检查、监护和管理。

2. 海关检查

海关检查就是对出入境的货物、邮递物品、行李物品、货币、金银、证券和运输工具等进行监督检查和征收关税的一项国家行政管理活动，这是为了维护国家主权和利益，保护本国经济发展，查禁走私和违章案件，防止沾染病毒菌的物品入境而采取的检查措施。世界各主权国家都设有海关，并进行海关检查。检查的目的，从广义讲，就是维护国家主权和利益；具体来讲，就是确认进出海关的货物或物品是否符合有关规章和规定。

我国的国际机场中设有海关，对出入境货物和物品进行监管并征税。

有关我国海关检查的具体规定可参照《中华人民共和国海关法（修正）》中的内容。法律规定不许可出入境的物品可予以没收。逃避海关监督的行为，若情节严重，可追究其法律责任。

3. 机场卫生检疫

根据《中华人民共和国国境卫生检疫法》第二条的规定，我国在国际机场设立卫生检疫机关，实施传染病检疫、监测和卫生监督。机场卫生检疫的主要内容包括入境检疫航空器到达之前国际机场的告知义务、对入境航空器的检疫、对入境旅客的查验、入境检疫证的发放等。具体请参看《中华人民共和国国境卫生检疫法实施细则》第三十六至四十三条的规定。

4. 机场动植物检疫

动植物检疫制度是《中华人民共和国进出境动植物检疫法》（以下简称《进出境动植物检疫法》）的基本内容，是国家制定的出入境动植物检疫的法律规范。实施动植物检疫，一是为了保护成员国境内动植物免受虫害、病害、带病有机体的传入、定居或传播所产生的风险；二是为了保护成员国境内人类或动物生命（或健康）免受食品、饮（饲）料中添加剂、污染物、毒素或致病有机体所产生的风险；三是为了保护成员国境内人类生命（或健康）免受动植物或动植物产品携带的病害（或虫害）的传入、定居或传播所产生的风险。

根据《进出境动植物检疫法》及其《实施条例》，机场动植物检疫的范围包括对入境、出境、过境的动植物、动植物产品和其他检疫物实施检疫；对装载动植物、动植物产品和其他检疫物的装载容器、包装物、铺垫材料实施检疫；对来自动植物疫区的航空器实施检疫；对有关法律、行政法规、国际条约规定或者贸易合同约定应当实施出入境动植物检疫的其他货物、物品实施检疫。

5. 进出口商品检验

依据《中华人民共和国进出口商品检验法》及其《实施条例》，我国商检机构依法对进出口商品实施检验与管理。对进出口的商品实行检验的主要目的是加强进出口的商品检验工作，保证和提高进出口商品的质量，维护对外贸易有关各方的合法权益，促进对外贸易的发展。其次，进出口商品的检验和鉴定的各种证书、证明，可以作为居间证明。此外，还可以通过对进出口商品的检验收集提供与进出口商品的质量、技术有关的各种信息。

阅读材料

航空港的土地之争和噪声问题

从 20 世纪中期开始，航空运输迅猛发展，客货量都大幅度增加。即使机场远在城市郊区，但其周围的各种商业、服务业、代理机构、居民区仍不断增加，土地价格也不断上升。若干年后，航空港就会被一个新兴的小城区包围。其结果是，一方面对航空安全产生隐患，另一方面也会引发土地使用上的矛盾。土地使用问题是航空运输发展本身带来的，航空业越繁荣，发展中所需的土地也越多，而此时当地的土地价格也越贵，民航业与周围社区争用土地的矛盾也越突出。有时实在没办法解决，机场只能被迫搬迁，但这在经济上很不合算。

对于已建成的机场，现行解决的办法是通过政府干预，在确保航空安全的前提下，合理利用机场土地，在现有基础上设法提高机场的利用率。国内某些地区，在相距不远的地方建设了好几家大型机场。其中，有的机场业务很繁忙，而有的机场却冷冷清清。在加快改造地面交通系统后，适当将一部分航班分流到相对清闲的机场去，就能大大改善个别机场的拥挤状况。例如，珠江三角洲在直径 100 千米的地区内，已建成 6 个大空港（包括香港和澳门）。其中，香港和广州的空港拥挤不堪，而珠海空港的利用率则严重不足，巨大的建设投资也不能在短期内收回。造成机场忙闲不均的主要原因是当年的决策者对以后的发展变化缺乏足够的预见能力。因此，在新建机场前，都必须先仔细调研该地区的发展和需要、国际国内航空运输业的走势、航线网络的连接等诸多方面因素，制定出一个建设机场的总体规划。这个规划要放眼 50 年以上的使用期限，选好地址，经过多方论证，有计划、按步骤地分阶段建设新机场。建好第一期工程后就先投入使用，待机场的容量接近设计标准时，再兴建第二期工程。在总体规划中必须先为日后航空港的发展预留出足够的土地和空间。这样做才能最充分地利用现有资金，使航空港能长时间发挥经济效益，不再被土地使用问题困扰。

困扰航空港发展的另一个问题就是如何减少噪声污染。估计根本的解决方法是飞机发动机的技术突破。当前航空港方面必须尽力去做的有以下 5 个方面：制定飞机的噪声标准，超过这一标准的飞机不许进港；晚间实行宵禁，夜间的某个时段内关闭跑道；安排飞机起降的航路，避开对噪声敏感的地区；规定飞机爬升和下降的速率，使噪声影响区缩小；在噪声大的地区建设防护墙或防护林。采用上述措施，能在一定程度上削弱噪声。但由于航空港飞机起降架次数不断增加是大趋势，因此解决噪声扰民这个问题的任重而道远。

（资料来源：http://www.caac.gov.cn/MHBK/JCJS/200706/t20070621_5547.html）

【引发思考】

在现有条件下该如何处理机场的噪声问题？

阅读材料

敦煌机场少年坠机事件

2005 年 5 月 25 日 7 时 50 分，东方航空公司甘肃分公司一架 A320 飞机在执行航班任务从敦煌机场起飞时，一名 15 岁的男孩从飞机起落架舱内坠落，当场死亡。经查，死者为来敦煌打工的四川籍男孩。关于此事件的赔偿问题，就有以下九种观点。

观点一：东方航空公司与机场是利益关系，在此事件中应该承担主要过错责任；按照《中华人民共和国民事诉讼法》（以下简称《民事诉讼法》）的有关规定，即使其不承担主要过错责任，最起码也要承担无过错赔偿责任。

观点二：机场上级法人单位应该承担过错责任：①机场的安全防范措施不到位；②机场的监控设施形同虚设，没有专业的监控人员；③机场的安全制度没有得到落实，24 小时监控制度更是纸上谈兵；④机场没有在周围设立明显的警示标志；⑤坠机少年进入机场没有被人发现并加以制止。

观点三：坠机少年不满 16 岁，他与他的监护人对机场和飞机等相关知识知之甚少，因此，坠机少年不应承担任何责任，监护人只在法律上承担次要责任。

观点四：发生这样重大的事件，给国家和当事人造成了巨大的经济和精神损失，对航空业的发展和人们对航空业的认识设置了障碍，应该追究相关责任人的刑事责任、民事赔偿责任和行政责任。

观点五：机场方面应该以此事件为戒，警钟长鸣。

观点六：少年坠机事件的发生应唤起全社会都来监护、保护未成年人的思想意识。律师认为，全社会应该承担起对未成年人进行经常性宣传教育和安全预防教育的责任，加强未成年人的安全意识和法律意识，以消除各种不安全隐患。

观点七：机场妥善对待赔偿问题是挽回负面影响的最后的努力。律师说，虽然他到敦煌时间不长，但他已耳闻目睹了机场方面消费出手阔绰，而对赔偿问题十分"抠门"的不少"新闻"，他认为现在机场已失去了最后的机会。

观点八：受害人是弱势群体，机场方面责任难避，对待赔偿问题最好的办法就是遵循"依法、讲理、有情"的原则，三者缺一不可。

观点九：诉讼不是目的，只是一种"被逼无奈"的手段。中国人民大学法学院教授杨立新在接受记者采访时说。儿童扒乘飞机造成损害，受害人自己首先应当负有责任。受害人是未成年人，但他的监护人没有尽到监护责任，是明显的过错。按照行政规章，飞机场是实行严格管理的区域，任何人都不能随便进入。擅自进入机场，造成自己的损害，应当责任自负。即使儿童未成年，但他的监护人应该有这方面的监管和约束义务，应当自己承担责任。机场方面坚持自己没有过错，不承担责任，也有自己的道理。根据《民用航空安全保卫条例》，随意进入机场要受处罚。但机场确实存在过失，至少有两个很明显的疏忽：一是没有严格管理，让儿童随便进入了机场；二是飞机的例行检查有疏忽，对起落架舱没有认真检查。确定机场应当承担适当的责任，对于保护儿童、提高机场的安全防范质量、保障安全飞行，都有重大意义。根据侵权行为法的过失相抵原则，受害人的监护人有重大过失，应当承担主要责任，机场方面有过失，应当承担适当的责任。这样处理机场和受害人监护人的责任，才是比较公平的。

后据《兰州晨报》消息，敦煌机场少年坠机事件的赔偿问题及善后处理事宜几经周折，在历时 35 天后终于有了结果。7 月 1 日，死者的父亲和叔叔在获赔 11 万元、安葬骨肉之后踏上返乡路，这一事件至此画上句号。

据悉，本次达成的协议主要有 5 点：①坠机少年在本次事件中属非法侵入航空器和机场安全控制区，由于其已死亡，不再承担责任；②机场为死者家属补偿 7 万元，加上其他费用共 11.36 万元；③死者的丧葬费和家属到敦煌的花费由其家人自己承担。

④家属不再追究东方航空公司的责任；⑤双方达成协议后不得悔约，家属若悔约要返还补偿金。

（资料来源：http://www.gansudaily.com.cn/20050616/707/2005616A02682016.htm）

【引发思考】

请分别站在坠机少年亲属、敦煌机场、东方航空公司的立场上阐述对坠机事件赔偿问题的看法和理由。

阅读材料

解读《民用机场管理条例》

2009 年 12 月 31 日　中国交通部网站

7 月 1 日起正式实施的《民用机场管理条例》是近年来国务院颁布的有关民航方面的唯一一部法规。在 6 月 30 日召开的全国机场工作会上，民航局副局长杨国庆作了题为《以科学发展观为指导，以贯彻〈民用机场管理条例〉为契机，促进我国民用机场协调可持续发展》的报告，该报告实际上就是对此《条例》的一次解读。该《条例》首次在总则中明确了机场的公共基础设施定位，对机场今后的建设、运营、管理、改革、发展等方面至关重要。杨国庆在报告中从民航各级政府管理部门、机场以及其他相关单位，也包括各级地方人民政府的职责的角度，和大家共同学习理解了《民用机场管理条例》的相关规定。

安全：多家单位共同承担责任

安全工作是民航的重中之重。《条例》对机场安全管理的责任、驻场单位在场内安全运营责任、政府部门安全监管责任都进行了明确的规定。《条例》不仅明确了机场管理机构应当依照国家有关法律、法规和技术标准的规定，保证运输机场持续符合安全运营要求，还特别强调要保持"持续安全"并在罚则中明确：机场不符合安全运营要求又拒不改正或者经改正仍不符合安全运营要求的，将限制机场的使用；情节严重的，吊销机场使用许可证。《条例》第二十八条明确了机场管理机构在机场安全管理方面的具体职责。《条例》还赋予了机场对安全运营的统一协调管理职责，因此，机场不但要抓好自身的安全工作，还要对包括航空公司在内的各驻场单位在机场内的安全运营实施统一协调管理。如果驻场单位在机场出现安全问题，机场也要负相应的责任。与此同时，《条例》也明确规定：航空运输企业及其他驻场单位应当按照各自的职责，共同保障运输机场的安全运营并承担相应的责任。

在机场安全监管方面,《条例》主要遵循了《安全生产法》的精神。《条例》第二十四条规定:民用航空管理部门、有关地方人民政府应当加强对运输机场安全运营工作的领导,督促机场管理机构依法履行安全管理职责,协调、解决运输机场安全运营中的问题。对于两级政府谁承担主要监管职责,《条例》没有明确,但是依据《安全生产法》第二条规定,就机场的安全监管而言,民航管理部门承担了主要的监管责任。

应急救援:纳入各级地方人民政府应急救援体系

机场的应急救援是机场安全保障工作的重要一环。《条例》颁布以前,这项工作主要由民航管理部门负责。按照 2007 年全国人大颁布的《突发事件应对法》中关于"属地管理为主"的精神,《条例》第二十五条规定:民用航空管理部门、有关地方人民政府应当按照国家规定制定运输机场突发事件的应急预案。第三十二条规定:发生突发事件,运输机场所在地有关地方人民政府、民用航空管理部门、空中交通管理部门、机场管理机构等单位应当按照应急预案的要求,及时、有效地开展应急救援。因此,《条例》正式施行后,机场的应急救援工作要纳入各级地方人民政府应急救援体系。

针对此变化,杨国庆副局长在报告中提出,鉴于航空突发事件的特殊性,地方人民政府应当按照国家有关规定和《条例》的要求,组织制定机场应急救援预案,以保证一旦机场发生紧急情况时,能够按照预案及时有效地开展救援工作。各机场也要针对政府管理职责的这一变化,对本机场现有的应急救援预案进行调整和完善。另外,民航局将抓紧修订《民用机场应急救援规则》。

投诉:受理之日起 10 个工作日内作出书面答复

机场是为广大旅客和货主提供服务的场所,搞好服务工作是机场管理机构以及航空运输企业和其他驻场单位义不容辞的责任,是仅次于安全的重要工作。《条例》依据《航空法》相关规定,分别在第三十四条、第三十五条、第三十七条、第四十条从服务规范、服务设施、服务投诉、航班延误的处置四个方面对机场的服务工作作出了具体要求,这其实对机场和驻场单位提出了更高的要求,也更好地维护了广大旅客权益。

《条例》第三十四条明确规定:机场管理机构应当组织航空运输企业及其他驻场单位制定服务规范并向社会公布。事实上,民航局在《条例》正式实施之前已经颁布了两个标准:《公共航空运输服务质量标准》和《民用机场服务质量标准》。目前,有些机场根据这两个标准并结合自身的实际情况制定了服务规范,但基本都只限于机场自身,有的机场甚至没有制定服务规范。为此,杨国庆副局长在报告中要求,各机场应当按照《条例》的要求,尽早组织驻场单位共同制定服务规范,向社会公布,接受公众的监督。

妥善处理旅客和货主的投诉是不断改进服务工作的重要一环。《条例》第四十条规定：民用航空管理部门和机场管理机构应当建立投诉受理制度，公布投诉受理单位和投诉方式。对于旅客和货主的投诉，民用航空管理部门或者机场管理机构应当自受理之日起 10 个工作日内作出书面答复。

航班延误的处置是社会公众比较关注的问题，也一直是民航服务工作的瓶颈。鉴于航班延误的处置具有一定的复杂性，《条例》只是对航班延误后有关单位的服务义务作出了要求。需要特别强调的是，《条例》中规定：航班发生延误，机场管理机构应当及时协调航空运输企业及其他有关驻场单位共同做好旅客和货主服务，及时通告相关信息。航空运输企业及其代理人应当按照有关规定和服务承诺为旅客和货主提供相应的服务。这就意味着，航班延误后，虽然直接责任主体是航空公司，但是作为服务于旅客的机场管理者，也要履行相应的义务。

【引发思考】

《安全生产法》与《民用机场管理条例》之间有什么关系？

本 章 小 结

本章主要讲述了民用机场及机场的管理制度，出入境管理法律法规及机场安检制度。了解和掌握涉及民用机场与出入境管理的系列法律法规是做好民航工作的前提。

本章重点：民用机场的安全管理制度和"一关四检"。

本章难点：民用机场的安全管理制度。

思 考 与 练 习

1. 简述民用航空机场安全管理制度。

2. 何谓国际机场的联检制度？它包括哪些内容？

3. 民用机场使用手册的主要内容主要有哪几方面？

4. 简述我国机场的法律地位和机场经营人的法律责任。

第**6**章　民用航空器的搜寻援救与事故调查

知识目标

- 掌握民用航空器搜寻援救的含义和原则。
- 了解民用航空器搜寻援救的准备和实施。
- 掌握民用航空器事故的概念和等级。
- 了解航空器事故调查的原则和事故调查报告。

能力目标

- 能够熟悉航空器搜寻援救的准备和实施的主要内容。
- 明确事故当事人和有关人员的法律义务。

航空器在空中作业，具有高度风险。航空器遇险，应立即实施搜寻援救，以避免人员伤亡和财产发生损失，并且做好事故调查工作，防止类似事故的再次发生。

6.1　民用航空器搜寻援救

6.1.1　民用航空器搜寻援救的含义

民用航空器搜寻援救是指担负搜寻救援的民用航空器任务的组织，为了及时有效地避免或者减少遇到紧急情况的民用航空器所造成的人员伤亡和财产损失，依照国家法律规定，对遇到紧急情况的民用航空器及时进行寻找援助的一系列活动的总称。

搜寻与援救是既有区别又有紧密联系的两个方面。搜寻是援救的前提，也是援救的基本环节，它是利用航空器寻找失事、遇险、遇难的民用航空器、幸存者和其他目的物的一种方法。援救是搜寻的目的，援救工作就是拯救空难事故中的幸存者的生命和尽量把财产损失降到最低限度的工作。为了在最短时间内把损失减少到最低限度，就必须进行援助。对失踪或遇险的航空器的搜寻救援，以及对遇难航空器的事故调查，不仅是出于人道主义的考虑需要，更是行业的责任要求和国际民用航空法的规定。

6.1.2　民用航空器搜寻援救的原则

搜寻援救的目的是尽最大可能保障遇难航空器及其人员和第三人的生命财产安全，其中人的生命安全又是第一位的。搜寻援救服务的原则对搜寻救援活动具有指导意义。搜寻援救服务主要遵循以下 3 个原则。

1. 人道主义原则

在向遇险航空器提供搜寻援救时，首先应遵循的总原则是人道主义原则，应尽一切最大可能和最大努力向一切遇险航空器及其幸存者提供搜寻救援服务，不分国籍。1944 年《芝加哥公约》附件 2 第十二条第 1 款第二项规定："在向遇险航空器事故的幸存者提供援助时，缔约国不应考虑此种航空器或幸存者的国籍。"

2. 及时原则

"及时"是一切搜寻援救的基本原则，特别是对于遇险航空器及其幸存者来说，时间就是生命，及时就能使财产损失降到最低程度，达到最小损失。因此，我国《民用航空法》对搜寻援救的规定都有"立即"的要求：发现民用航空器遇到紧急情况或者收听到民用航空器遇到紧急情况的信号的单位或者个人，应当立即通知有关的搜寻救援协调中心、海上搜寻援救组织或者当地人民政府；收到通知的搜寻援救协调中心、地方人民政府和海上搜寻援救组织，应当立即组织搜寻援救等。

3. 有效原则

搜寻援救不能盲目和忙乱，要科学分析、准确判断才能做出正确决策，才能符合有效原则，收到切实的效果。我国 1992 年 12 月公布的《中华人民共和国搜寻援救民用航空器的规定》中规定：搜寻援救协调中心在收到民用航空器紧急情况的信息后，必须立即做出判断，采取搜寻援救措施。

6.1.3　实施搜寻援救的区域、对象及条件

根据 1944 年《芝加哥公约》及其附件、国内相关法律规定，搜寻援救区域包括陆上搜救区域和海上搜救区域。搜寻援救的对象是在搜寻援救区域发生紧急情况的航空器。民用航空器的紧急情况分为不明、告警、遇险 3 个阶段，对处于不同阶段的航空器有不同的搜寻援救方法。

1. 情况不明阶段

民用航空器的情况不明阶段指民用航空器的安全出现下列令人疑虑的情况。

1）空中交通管制部门在规定的时间内同民用航空器没有取得联络。

2）民用航空器在规定的时间内没有降落，并且没有其他信息。

2. 告警阶段

民用航空器的告警阶段指民用航空器的安全出现下列令人担忧的情况。

1）对情况不明阶段的民用航空器，仍然不能同其沟通联络。

2）民用航空器的飞行能力受到损害，但是尚未达到迫降的程度。

3）与已经允许迫降的民用航空器失去联络，并且该民用航空器在预计降落时间后 5 分钟内没有降落。

3. 遇险阶段

民用航空器的遇险阶段指确信民用航空器遇到下列紧急和严重危险，需要立即进行援救的情况。

1）根据油量计算，告警阶段的民用航空器难以继续飞行。

2）民用航空器的飞行能力受到严重损害，达到迫降的程度。

3）民用航空器已经迫降或者坠毁。

6.1.4　搜寻援救的组织机构

航空器遇险和发生事故，往往情况复杂，且涉及人民生命和重大财产安全问题，为避免或者减少人员伤亡和财产损失，必须调动一切可以调动的力量，共同完成搜寻援救任务。为提高搜寻援救的效率，必须有一个具有权威的机关负责指挥和调动各援救部门和人员。1944年《芝加哥公约》附件 12 规定：缔约国须在每一搜寻援救区中设立一个援救协调中心并设立援救分中心。我国作为该公约的缔约国，对此也做了明确的规定。在我国搜寻援救区内，划分了若干个地区民用航空搜寻援救区。每个地区民用航空搜寻援救区，都设立了地区搜寻援救工作协调中心，承担向有关单位通报搜寻援救民用航空器的工作情况和担任搜寻援救民用航空器工作中的相互协调任务，并负责用民用航空器执行搜寻援救的组织指挥。

《中华人民共和国搜寻援救民用航空器规定》（以下简称《搜寻救援民用航空器规定》）第四条和第五条规定：搜寻援救协调中心承担陆上搜寻援救民用航空器的协调工作；国家海上搜寻援救组织负责海上搜寻援救民用航空器工作，有关部门予以配合。全国搜寻援救民用航空器的协调工作，由我国国务院民用航空主管部门搜寻援救协调中心负责，各地区搜寻援救由地区民用航空器协调中心负责。相关主管机构做如下分工：中国民航局负责统一指导全国范围的搜寻援救民用航空器的工作；省、自治区、直辖市人民政府负责本行政区域内陆地搜寻援救民用航空器的工作，民用航空地区管理局予以协助。

此外，使用航空器执行搜寻援救任务时，由民用航空运输企业或者通用航空企业担任。在某些地区，民用航空搜寻援救力量不足时，军队会参照抢险救灾办法，及时派出航空器给予支援。

6.1.5 搜寻援救的准备

为了保证搜寻援救工作的快速、高效、有序地进行，负责搜寻援救的机构应当未雨绸缪，随时做好搜寻的准备。

根据《搜寻援救民用航空器规定》，各地区管理局应当事先拟定在陆上使用航空器搜寻援救民用航空器的方案，经中国民航局批准后，报有关省、自治区、直辖市人民政府备案。沿海省、自治区、直辖市海上搜寻援救组织，应当拟定在海上使用船舶、航空器搜寻援救民用航空器的方案，经国家海上搜寻援救组织批准后，报省、自治区、直辖市人民政府和中国民航局备案，同时抄送有关地区管理局。地区管理局和沿海省、自治区、直辖市海上搜寻援救组织应当按照批准的方案定期组织演习，以备实施。

对搜寻援救民用航空器方案应当包括的内容也做了规定，即应当包括下列内容：①使用航空器、船舶执行搜寻援救任务的单位，航空器、船舶的类型，以及日常准备工作的规定；②航空器使用的机场和船舶使用的港口，担任搜寻援救的区域和有关保障工作方面的规定；③执行海上搜寻援救任务的船舶、航空器协同配合方面的规定；④民用航空搜寻援救力量不足的，商请当地驻军派出航空器、舰艇支援的规定。

6.1.6 搜寻援救的实施

根据《搜寻援救民用航空器规定》，在我国搜寻援救区内，发现或者收听到民用航空器遇到紧急情况的单位或者个人，应当立即通知有关地区管理局搜寻援救协调中心；发现失事的民用航空器，其位置在陆地的，并应当同时通知当地政府；其位置在海上的，并应当同时通知当地海上搜寻援救组织。

地区管理局搜寻援救协调中心收到民用航空器紧急情况的信息后，必须立即做出判断，按照《搜寻援救民用航空器规定》，对处于不同紧急情况下的民用航空器采取相应的搜寻援救措施，并及时向中国民航局搜寻援救协调中心及有关单位报告或者通报。

在我国搜寻援救区内，搜寻援救要根据民用航空器所处的不同阶段采取不同的措施。

省、自治区、直辖市人民政府或者沿海省、自治区、直辖市海上搜寻援救组织收到关于民用航空器迫降或者失事的报告或者通报后，应当立即组织有关方面和当地驻军进行搜寻援救，并指派现场负责人。现场负责人的主要职责有以下5个方面：组织抢救幸存人员；对民用航空器采取措施防火、灭火；保护好民用航空器失事现场；为抢救人员或者灭火必须变动现场时，应当进行拍照或者录像；保护好失事的民用航空器及机上人员的财物等。指派的现场负责人未到达现场的，由第一个到达现场的援救单位的有关人员担任现场临时负责人，并负责向到达后的现场负责人移交工作。

对处于紧急情况下的民用航空器，地区管理局搜寻援救协调中心应当设法将已经采取的援救措施通报该民用航空器机组。民用航空器的紧急情况已经不存在或者可以结束搜寻援救工作的，地区管理局搜寻援救协调中心应当按照规定程序及时向有关单位发出解除紧急情况的通知。

6.1.7　搜寻援救的国际合作

由于国际民用航空的国际性，出现紧急情况的民用航空器很可能是在航空器登记国以外的其他国家的领域内或公海、公空，因此，对民用航空器搜寻援救的国际合作就显得非常重要。

1944 年《芝加哥公约》规定，当外国航空器在一缔约国领土内遇险后，该缔约国应"在本国当局管制下准许该航空器所有人或该航空器登记国的当局采取情况所需的援助措施"。这是对民用航空器进行搜寻援救的国际合作的基本规定。

除此之外，1944 年《芝加哥公约》附件 12 对"搜寻援救国际合作"做了更进一步的具体规定。一缔约国在受其本国所规定的条件制约下，必须准许旨在搜寻失事航空器及其幸存人员的另一国援救单位立即进入其领土范围。这是援救本国遭遇紧急情况的民用航空器所必需的。但同时，一缔约国当局为了搜寻救援的目的，希望其援救单位进入另一缔约国领土时，必须向有关国家援救协调中心或由该国指定的此类其他当局提出申请，说明其计划任务及其进入该国的必要性。被申请的缔约国当局必须立即认收这种申请，并在需要时，尽速说明执行该计划任务的各种条件。

在实践中，一国进入另一国境内进行搜寻救援有这样 3 种途径和方式：第一种情况是双方或各方之间签订了搜寻救援协定，以方便入境援救；第二种情况是通过援救协调中心或空中交通管制中心提出申请；第三种情况是通过外交途径申请入境。

我国《民用航空法》第十三章第一百八十二条对外国民用航空器的搜寻援救还做了如下的明确规定：外国民用航空器在中华人民共和国搜寻援救区内遇险，其所有人或者国籍登记国参加搜寻救援工作，应当经中华人民共和国国务院民用航空主管部门批准或者按照两国政府协议进行。

总之，搜寻援救的国际合作不但是必需的，而且是十分重要的。各国之间应积极配合，密切合作，尽一切可能为出现紧急情况的外国民用航空器的搜寻救援提供所必需的各种方便和条件，以使航空器及其人员的损失降到最低程度。

6.2　民用航空器的事故调查

航空器一旦发生事故，对事故进行调查是一个十分重要的环节，这不仅关系到检查航空设备和技术上的缺陷、改进航空安全的重大问题，也是通过取证以确定事故的民事责任和刑事责任的重要依据。1944 年《芝加哥公约》第二十六条"事故调查"中规定："一缔约国的航空器如在另一缔约国的领土内发生事故，致有死亡或严重伤害或表明航空器或航行设施有重大技术缺陷时，事故所在地国家应在该国法律许可的范围内，依照国际民用航空组织建议的程序，着手调查事故情形。航空器登记国应有机会指派观察员在调查时到场，而主持调查的国家，应将关于此事的报告及调查结果，通知航空器登记国。"据此，对失事民用航空器进行调查是缔约国必须做的，是《国际民用航空公约》的强制性要求。

6.2.1 航空器事故的概念

依照 1944 年《芝加哥公约》附件 13 的有关条文，航空器的事故（accident）是指"发生在任何人为飞行而登机到机上所有人员下机这段时间内，与飞行运转有关的事情"，即指民用航空器在运行过程中发生的人员伤亡和航空器损坏的事件。航空器的事故具体包括 3 个方面：①凡任何人在民用航空器上，或者与航空器或其部件（包括已脱离航空器的部分）直接接触时伤亡；②民用航空器本身遭到重大损坏，所谓重大损坏，是指对飞机的结构强度、性能或飞行特性造成了不利影响，通常需要大修或更换有关部件；③航空器失踪或处于完全不能接近的地方。

6.2.2 航空器事故的等级

航空器事故等级是根据人员伤亡情况及航空器损坏程度确定的。根据我国《民用航空器飞行事故等级》的规定，飞行事故可分为特别重大飞行事故、重大飞行事故和一般飞行事故 3 类。

1. 特别重大飞行事故

所谓特别重大飞行事故，是指以下情形。

1）造成了人员死亡，且死亡人数在 40 人及其以上者。这里的人员伤亡统计，不仅包括航空器内的人员伤亡，还应包括该次飞行事故直接造成的地面人员的伤亡。

2）航空器失踪，且机上人员在 40 人及其以上者。

2. 重大飞行事故

所谓重大飞行事故，是指如下情形。

1）造成了人员死亡，且死亡人数在 39 人及其以下者。

2）航空器严重损坏或迫降在无法运出的地方。

3）航空器失踪，且机上人员在 39 人及其以下者。

3. 一般飞行事故

所谓一般飞行事故，是指如下情形。

1）造成了人员重伤，且重伤人数在 10 人及其以上者。

2）最大起飞重量 5.7 吨（1 吨 = 1000 千克）及其以下的航空器严重损坏，或迫降在无法运出的地方。

3）最大起飞重量 5.7～50 吨的航空器一般损坏，其修复费用（包括器材费、工时费和运输费等）超过了事故当时同型或同类可比新航空器价格的 10% 者。

4）最大起飞重量 50 吨以上的航空器造成了一般损坏，其修复费用超过事故当时同型或同类可比新航空器价格的 5% 者。

航空器运行过程中，发生相撞，无论损失架数多少，一律按一次飞行事故计算。事故等级按人员伤亡总数和航空器损坏最严重者确定。

6.2.3 事故调查的目的

1944 年《芝加哥公约》和我国 2000 年 7 月颁布的《民用航空器飞行事故调查规定》中都明确地指出：航空事故调查的目的不是为了追究责任和惩罚，而是为了查明事故原因，总结经验教训，提出保障安全的建议，防止同类事故再次发生。在一些国家，如加拿大，航空器事故调查与追究责任的刑事调查界限分明，为了保障事故调查的顺利进行，法律甚至规定事故调查结论不能作为追究法律责任的证据。

6.2.4 事故调查的原则

1）独立调查原则。事故调查必须独立进行，任何部门和个人不得干扰、阻碍调查工作。

2）客观调查原则。事故调查必须坚持实事求是的原则，客观、公正、科学地进行，不得带有主观倾向性。

3）深入调查原则。事故调查除了应查明事故发生的直接原因与事故发生、发展过程中的其他原因，还应深入分析产生这些原因的因素，包括航空器设计、制造、运行、维修和人员训练，以及政府行政规章和企业管理制度及其实施方面的缺陷等。

4）全面调查原则。事故调查不但应查明和研究与本次事故发生有关的各种原因和产生因素，还应查明和研究与本次事故的发生无关、但在事故中暴露出来或者在调查中发现的、在其他情况下可能对飞行安全构成威胁的所有问题。

6.2.5 我国事故调查的组织机构

航空事故调查是一项科技含量很高的、非常复杂的工作，负责组织事故调查的机构必须是专门机构，需要有专门人员专司其职，对专门人员的个人品德、业务素质等都要有很高的要求。

根据我国法律及批准的国际公约的有关规定，在我国境内发生的民用航空器事故或事故征候由我国负责组织调查。我国负责民航事故调查的主要机构目前是中国民航局，由中国民航局和各地区民航管理机构负责组织事故的调查工作。

1）由中国民航局负责组织调查的事故包括国务院授权中国民航局调查的特别重大飞行事故；运输飞行重大飞行事故；外国民用航空器在外国境内发生的事故，但由国务院或者国务院授权其他部门组织调查的除外。

由中国民航局组织的事故调查，事故发生地的地区管理机构和发生事故单位所在地的地区管理机构，应当根据中国民航局的要求派人参加调查。

2）由地区管理机构负责组织调查的事故包括通用航空重大飞行事故和一般飞行事故；运输飞行一般飞行事故；中国民航局授权地区管理机构组织调查的其他事故。

由地区管理机构负责组织的事故调查，民航局认为必要时，可以直接组织调查。由地区管理机构负责组织的事故调查，事故发生单位所在地的地区管理机构应当派人参加，中国民航局可以根据需要派出事故调查员或者技术人员予以协助。

《民用航空器飞行事故调查程序》对有关我国的涉外航空事故调查特别规定如下。

1）在我国登记、经营或者由我国设计制造的民用航空器在境外某一国家、某一地区发生飞行事故，由中国民航局派出一名国家授权的代表参加事故发生所在国家、地区的事故调查。为协助国家授权代表的工作，中国民航局可以指派若干名顾问。

2）在我国登记、经营的民用航空器在境外发生飞行事故，但事故地点不在某一国家、某一地区境内的，由中国民航局组织事故调查，也可以部分或者全部委托别国进行调查。

3）外国民航航空器在我国境内发生飞行事故，经中国民航局批准，航空器的登记国、经营人国、设计国、制造国可以派出代表和顾问参加中国组织的事故调查。

4）由外国设计、制造，在我国登记、经营的民用航空器在我国境内发生飞行事故，经中国民航局批准，该航空器的设计国、制造国可以派出代表和顾问参加中国组织的事故调查。

6.2.6 民用航空器事故调查组和调查报告

负责组织事故调查的部门将成立专门的调查组，对事故进行调查，分析事故发生的原因，提出安全建议，并形成调查报告。

相关的法律法规对调查组的组成人员、调查组的职责和权力、事故调查程序、事故调查报告的基本内容等都做出了规定。例如，事故调查组应当履行下列职责：①查明事故造成的人员伤亡和航空器损坏情况；②查明与事故有关的事实及环境条件等因素，分析造成事故的原因，做出事故结论；③提出预防事故的安全建议；④提交事故调查报告。

为正确履行以上职责，事故调查组拥有相应的权力：①决定封存、启封和使用与发生事故的航空器运行和保障有关的一切文件、资料、物品、设备和设施；②要求发生事故的民用航空器的经营、保障、设计、制造、维修等单位提供情况和资料；③决定实施和解除对现场的监管；④对发生事故的民用航空器及其残骸的移动、保存、检查、拆卸、组装、取样、验证等有决定权，对其中有研究和保存价值的部件有最终处置权；⑤对事故有关人员及目击者进行询问、录音，并可以要求其写出书面材料；⑥要求对现场进行过拍照和录像的单位和个人提供照片、胶卷、磁带等影像资料。

航空器事故调查结束后，应当由调查组提出事故结论，写出事故调查报告。由地区管理机构组织事故调查的，应当由地区管理机构在事故发生后90天内向中国民航局提交事故调查报告。由中国民航局组织事故调查的，应当在事故发生后120天内由中国民航局向国务院或者国务院事故调查主管部门提交事故调查报告。不能按期提交事故调查报告的，应当向接受报告的部门提交书面的情况说明。

事故调查报告应当由事故调查组组长负责组织完成。事故调查报告的表述应当完整、准确、清晰。

　　事故调查报告应当包括调查中查明的各种事实、事故原因分析及主要依据、事故结论、安全建议、各种必要的附件、调查中尚未解决的问题等基本内容。

　　调查报告经国务院或者中国民航局批准后调查即告结束。调查结束后，发现新的重要证据，可能需要推翻原结论或者可能需要对原结论进行重大修改的，经批准机关同意，可以重新进行调查。

6.3　搜寻援救人员、事故当事人、有关人员的义务

　　收到通知的搜寻援救协调中心、地方人民政府和海上搜寻援救组织，应当立即组织搜寻援救。执行搜寻援救任务的单位或者个人，应当尽力抢救民用航空器所在人员，按照规定对民用航空器采取抢救措施并保护现场，保存证据。

　　搜寻援救和事故调查是两个不同的阶段，但又是紧密相连的。前者不负责事故调查，但搜寻援救人员必须在事故调查人员到达现场后才能按规定的要求离开现场。

　　航空事故发生后，事故调查组人员有权向当事人（航空人员、航空器经营人、飞机维修人员、空中指挥人员、签派人员等，也包括航空器制造企业）和相关人员（目睹者或知情者）询问，被询问者不得拒绝，并如实提供情况，被询问者对所述情况的真实性负法律责任。民用航空器事故的当事人及有关人员在接受调查时，应当如实提供现场情况和事故有关的情节。事故调查组在履行职责和行使权利时，有关单位、个人应当积极协助，主动配合，如实反映情况，无正当理由不得拒绝。

阅读材料

河南航空有限公司黑龙江伊春"8·24"特别重大飞机坠毁事故调查报告

　　2010年8月24日21时38分，河南航空有限公司E190机型B3130号飞机执行哈尔滨至伊春VD8387定期客运航班任务时，在黑龙江省伊春市林都机场进近着陆过程中失事，造成机上44人死亡、52人受伤，直接经济损失达30891万元。

　　事故发生后，党中央、国务院高度重视，胡锦涛总书记、温家宝总理做出重要批示，要求全力抢救受伤人员，妥善处理善后，查明事故原因，举一反三，立即在全民航系统深入开展安全大检查，消除隐患，确保航空安全。张德江副总理即率交通运输部、国家安监总局、公安部、卫生部、中国民航局等有关部门负责人连夜赶赴事故现场，指导抢险救援、善后处理和事故调查工作。黑龙江省委、省政府主要负责同志也率领省有关部门及时赶赴事故现场，指导协调抢险救援和善后工作。

　　根据《生产安全事故报告和调查处理条例》（国务院令第493号）等有关法律法

规，经国务院批准，2010 年 8 月 27 日，成立了由时任国家安监总局副局长梁嘉琨任组长、国家安监总局、公安部、监察部、国资委、中国民航局、全国总工会和黑龙江省人民政府及有关部门负责同志参加的国务院河南航空有限公司黑龙江伊春"8·24"特别重大飞机坠毁事故调查组（以下简称事故调查组），开展事故调查工作。

事故调查组通过现场勘查、技术鉴定、调查取证、综合分析和专家组论证，查明了事故发生的经过、直接原因和间接原因、人员伤亡和财产损失情况，认定了事故性质和责任，提出了对有关责任人员和责任单位的处理建议，并提出了事故防范和隐患整改措施建议。现将有关情况报告如下。

1. 基本情况

（1）航空器情况

E190 机型 B3130 号飞机由巴西航空工业公司制造，2008 年 11 月 10 日出厂，于 2008 年 12 月 4 日获得中国民航局颁发的适航证。飞机客舱为公务舱和经济舱两舱布局，公务舱 6 个座位，经济舱 92 个座位。飞机安装了两台由美国通用电气公司制造的发动机。至事发当日，飞机总飞行时间为 5109.6 小时，总飞行起落次数为 4712 次。

该飞机处于适航状态，当日飞行过程中没有故障，飞机各系统及发动机工作正常，燃油品质合格，实际起飞重量和实际重心在许可范围内。当日航班飞机上共有 96 人，其中机组 5 人，旅客 91 人，所有人员均正常接受安全检查，无免检旅客，随身行李和托运行李未发现漏检和携带危险品情况。

（2）机组情况

飞行机组 2 人：机长齐全军，男，1970 年 4 月 9 日出生，持有民用航空航线运输驾驶员执照；副驾驶员朱建州，男，1983 年 10 月 16 日出生，持有民用航空商业驾驶员执照。两人的飞行驾驶执照均合法有效，均持有一级体检合格证。两人均为第一次执行伊春林都机场飞行任务，值勤时间符合规章要求，身体状况良好，岗前 8 小时内没有饮用酒精类饮料，无用药记录。

客舱机组 3 人：乘务长卢璐、乘务员周宾浩、安全员廉世坚均持有合法有效证件。

（3）有关航空公司情况

河南航空有限公司（以下简称河南航空）的前身为 2007 年 5 月成立的鲲鹏航空有限公司（以下简称鲲鹏航空）。2009 年 3 月，鲲鹏航空将主运营基地由西安迁至郑州，同年 9 月更名为河南航空，12 月 20 日获得中国民航中南地区管理局颁发的运行合格证，主要经营支线客、货运输。

（4）机场及当日气象情况

伊春林都机场（以下简称伊春机场）位于黑龙江省伊春市东北部，跑道长 2300 米，宽 45 米，可起降 A320、B737-700 及以下机型，机场代码为 ZYLD，于 2009 年 8 月 26 日通过中国民航东北地区管理局组织的机场行业验收和机场开放使用许可审查，获得机场使用许可证，次日正式开放使用。

事发当日，伊春机场 2 名管制员身体状况良好，值勤时间符合规章要求，岗前 8 小时内没有饮用酒精类饮料，无用药记录，无不安全事件记录。机场导航、助航设施设备工作正常，通信设备工作正常，机场道面、跑道、围界等正常，未发现鸟情。

伊春机场地处山谷交会漫滩处，事发当晚，机场近地面相对湿度接近 90%，特别是晚 17～21 时气温快速下降，形成辐射冷却降温，有利于水汽快速凝结，且地面风速不超过 2 米／秒，不利于水汽扩散，具备快速形成辐射雾的基本条件。辐射雾具有显著的局地性特征，特别是近地面雾气较浓，对低空飞行会产生不利影响。根据机场气象台发布的当晚天气实况，晚 19 时能见度大于 10 000 米，21 时降至 8000 米，21 时 08 分机场气象台发布特殊天气预报，能见度已降至 2800 米，呈快速下降趋势。

（5）航线审批情况

2009 年 10 月 26 日，河南航空向中国民航河南监管局申请并取得使用 E190 机型飞机执行哈尔滨至伊春航线的运行许可。2010 年 7 月 15 日，河南航空向中国民航东北地区管理局申请并取得执行哈尔滨至伊春航线的经营许可。

2010 年 8 月 10 日，河南航空正式开通哈尔滨至伊春 VD8387 定期客运航班，至事故发生前已执行 7 个航班。

（6）有关民航管理机构情况

中国民航中南地区管理局为河南航空运行合格证主管管理局，负责河南航空运行合格审定、飞行训练机构合格审定、飞行员和乘务员的资格管理等事宜并实施监管。中国民航河南监管局具体负责对河南航空整体运行状况进行监管。

中国民航东北地区管理局为河南航空在东北地区运营航线的辖区管理局，负责河南航空在本辖区航线经营许可及实施监督管理等。中国民航黑龙江监管局具体负责对河南航空在本辖区航线的安全运行进行监管。

2. 事故发生经过及应急处置情况

（1）事故发生经过

2010 年 8 月 24 日 20 时 51 分，飞机从哈尔滨太平国际机场起飞。

21 时 10 分，飞机巡航高度为 6300 米，距伊春机场 169 千米，飞行机组首次与伊春机场管制员建立联系，管制员向飞行机组通报能见度为 2800 米。

21 时 16 分，机场管制员提醒飞行机组："本场刚起的雾，五边上雾有点浓……主要是五边。"

21 时 23～26 分，飞行机组陆续完成 30 号跑道部分进近简令和下降、进近检查单，确认甚高频全向信标／测距仪（VOR/DME）进近的最低下降高度为 440 米。

21 时 28 分 19 秒，机场管制员再次提醒飞行机组："现在垂直好，但是水平能见度太差了。"

21 时 28 分 38 秒，飞机飞越机场上空，机场管制员看到了飞机。

21 时 29 分 51 秒，机长对副驾驶说："山里起雾，这个季节温度一低，地形的特点就出来了。"

21 时 33 分 06 秒，飞机进入程序转弯后 20 秒，副驾驶说："跑道挺亮。"

21 时 33 分 50 秒，飞行机组完成程序转弯，报告跑道能见，机场管制员发布着陆许可，并提醒飞行机组最低下降高度 440 米。

21 时 36 分 34 秒，副驾驶报告："就要穿这个雾了。"经事后调查，此后飞机进入辐射雾中。

21 时 36 分 49 秒，飞行机组脱开自动驾驶仪，改用人工方式飞行。

21 时 37 分 31 秒，飞机穿越最低下降高度 440 米。经事后调查，此时飞机依然在辐射雾中，机长未能看见机场跑道。

21 时 37 分 52 秒，机长询问副驾驶："高度什么样了？"副驾驶报告："1 海里，320 米，刚好。"经事后调查，此时飞机实际距伊春机场 1.6 海里，高度 335 米，比标准进近垂直剖面低 47 米。

21 时 37 分 59 秒，副驾驶提醒机长："下降率减小一点吧。"

21 时 38 分 05～08 秒，飞机无线电高度自动语音连续提示"fifty、forty、thirty、twenty、ten"（50、40、30、20、10 英尺），随后飞机撞地。经事后调查，飞机自进入辐射雾中直至撞地，飞行机组始终未能看见机场跑道，未建立着陆所必需的目视参考，未采取复飞措施。

21 时 38 分 10 秒，机场塔台在应急频率上接收到飞机机载应急定位发射机（emergency locator transmitter，ELT）发射的告警信号。

21 时 38 分 42 秒，机场管制员电话告知机场值班经理飞机失去联系，并且在飞机着陆方向看到火光。

21 时 38 分 52 秒～51 分 08 秒，机场管制员持续呼叫飞机，没有得到应答。

经调查查明，飞机在距离伊春机场30号跑道入口外跑道延长线1110米处首次与地面树梢产生刮擦，在1080米处飞机主轮与地面接触并继续滑行，持续与地面猛烈撞击，在870米处两台发动机触地，部分机体分解，主机身最后停止于690米处。

在与地面的撞击过程中，飞机机翼油箱破裂导致燃油泄漏，泄漏的燃油沿地势向飞机机头、机身方向流淌并起火，飞机客舱内迅速充满浓烟，飞机机身除尾部外严重烧毁。幸存人员分别通过飞机左后舱门、驾驶舱左侧滑动窗和机身壁板的两处裂口逃生，其余舱门及应急出口因严重撞击变形或浓烟阻隔无法打开。机长没有组织指挥旅客撤离，没有救助受伤人员，而是擅自撤离飞机。

飞机失事时间为2010年8月24日21时38分08秒，失事地点位于黑龙江省伊春市林都机场30号跑道入口外跑道延长线上690米处。失事点坐标：北纬47°44′52″，东经129°02′34″。

（2）事故应急处置情况

事发当日，伊春机场值班经理行使机场应急救援总指挥的职责。21时38分42秒，伊春机场塔台电话告知值班经理与飞机失去联系，并在飞机着陆方向看到火光。21时40分56秒，值班经理通过对讲机向机场消防、救护下达"启动一级应急救援，向30号跑道方向立即展开搜索救援"指令。随后，值班经理带上值班医生立即乘坐现场指挥车，沿着机场巡场路赶赴事故现场，途中请求伊春市急救中心增援。机场消防站接到指令后出动2台消防车到达事故现场开展救援工作。伊春市政府在接到相关报告后也立即向有关部门下达指令，要求动员全市救援力量立即赶赴机场进行救援，伊春市消防支队和急救中心随后到达现场加入救援行动。整个现场救援行动投入救援人员约1000名、消防车和救护车各20台，至次日凌晨1时基本结束，搜寻到42具遇难者遗体，54名伤者（其中重伤37人、轻伤17人）被转运至伊春市内医院救治，其中2名严重烧伤的重伤员在后期救治过程中经抢救无效死亡。伊春市政府抽调干部与河南航空善后人员共同组成"一对一"工作组，接待遇难人员和受伤人员家属；伊春市公安部门在黑龙江省公安厅的指导、支持下，迅速开展遇难者身份鉴定工作；卫生部及黑龙江省卫生厅共调集90余名专家和医护人员赴伊春市参加伤员救治，伊春市卫生部门对每个伤员组织专门治疗小组并安排专人护理。

3. 事故原因和性质

（1）直接原因

1）机长违反河南航空《飞行运行总手册》的有关规定，在低于公司最低运行标准（根据河南航空有关规定，机长首次执行伊春机场飞行任务时能见度最低标准为3600米，事发前伊春机场管制员向飞行机组通报的能见度为 2800 米）的情况下，仍然实施进近。

2）飞行机组违反中国民航局《大型飞机公共航空运输承运人运行合格审定规则》的有关规定，在飞机进入辐射雾，未看见机场跑道、没有建立着陆所必需的目视参考的情况下，仍然穿越最低下降高度实施着陆。

3）飞行机组在飞机撞地前出现无线电高度语音提示，且未看见机场跑道的情况下，仍未采取复飞措施，继续盲目实施着陆，导致飞机撞地。

（2）间接原因

1）河南航空安全管理薄弱。

飞行技术管理问题突出。河南航空部分飞行员存在飞行中随意性大、执行公司运行手册不严格等突出问题。根据河南航空飞行技术管理记录，机长齐全军飞行超限事件数量大、种类多、时间跨度大，特别是与进近着陆相关的进近坡度大、偏离或低于下滑道、下降率大、着陆目测偏差较大等超限事件频繁出现。河南航空对机长齐全军长期存在的操纵技术粗糙、进近着陆不稳定等问题失察。

飞行机组调配不合理，成员之间协调配合不好。飞行机组为首次执行伊春机场飞行任务，增加了安全风险；成员之间交流不畅，没有起到相互提醒验证、减少人为差错的作用。

对乘务员的应急培训不符合中国民航局的相关规定和河南航空训练大纲的要求。负责河南航空乘务员应急培训的深圳航空乘务员培训中心没有 E190 机型舱门训练器和翼上出口舱门训练器，乘务员实际操作训练在 E190 机型飞机上进行，且部分乘务员没有进行开启舱门的实际操作训练。河南航空采用替代方式进行乘务员应急培训，没有修改训练大纲并向民航河南监管局申报，违反了中国民航局《客舱训练设备和设施标准》和《关于合格证持有人使用非所属训练机构进行客舱乘务员训练问题的咨询通告》等相关规定，影响了乘务员应急训练质量，难以保障乘务员的应急处置能力。

2）深圳航空对河南航空投入不足、管理不力。

3）有关民航管理机构监管不到位。

中国民航河南监管局违反中国民航中南地区管理局相关规定，在河南航空未取得哈尔滨至伊春航线经营许可的情况下，即审定同意该航线的运行许可，且不了解、不掌握该航线的具体运行情况；对河南航空安全管理薄弱、安全投入不足、飞行技术管理薄弱等问题督促解决不到位。

中国民航中南地区管理局对河南航空主运行基地变更补充运行合格审定把关不严，未发现客舱机组配备不符合《大型飞机公共航空运输承运人运行合格审定规则》的相关规定，即缺少一名乘务员的问题；对河南航空安全管理薄弱、安全投入不足、飞行技术管理薄弱等问题督促解决不到位。

中国民航东北地区管理局在审批河南航空哈尔滨至伊春航线经营许可时，批复电报落款日期在前、领导签发日期在后，且未按规定告知中国民航黑龙江监管局等相关民航管理机构，向河南航空颁发哈尔滨至伊春《国内航线经营许可登记证》程序不规范。

4）民航中南地区空中交通管理局安全管理存在漏洞。

2009 年 7 月 27 日，中国民航中南地区空中交通管理局（以下简称中南空管局）气象数据库系统管理员误将伊春机场特殊天气报告的地址码 ZYLD 设置为 ZYID，致使机场特殊天气报告无法进入中南空管局航空气象数据库。虽然事发前伊春机场管制员已向飞行机组通报了当时机场的天气实况，但是河南航空不能通过中南空管局航空气象内部网站获取伊春机场特殊天气报告，导致河南航空运行控制中心无法按照职责对飞行机组进行必要的提醒和建议。

（3）事故性质

经调查认定，河南航空黑龙江伊春"8·24"特别重大飞机坠毁事故是一起责任事故。

4．对事故有关责任人员及单位的处理建议

（1）对有关责任人员的处理建议

1）齐全军，中共党员，河南航空 E190 机型机长。作为事故当班机长，未履行《民用航空法》关于机长法定职责的有关规定，违规操纵飞机低于最低运行标准实施进近，在飞机进入辐射雾，未看见机场跑道、没有建立着陆所必需的目视参考的情况下，穿越最低下降高度实施着陆，在撞地前出现无线电高度语音提示，且未看见机场跑道的情况下，仍未采取复飞措施，继续实施着陆，导致飞机撞地，对事故的发生负有直接责任；飞机撞地后，没有组织指挥旅客撤离，没有救助受伤人员，而是擅自撤离飞机。建议依法吊销其飞行驾驶员执照，给予开除公职、开除党籍的处分，依法追究其刑事责任。

2）朱建州，河南航空 E190 机型副驾驶员。作为事故航班副驾驶员，在最后进近阶段报错飞机高度/位置信息，在不能看见跑道的情况下飞机穿越最低下降高度并继续下降时，没有提醒机长保持最低下降高度平飞或复飞，对事故的发生负有直接责任。鉴于其已在事故中死亡，建议不再进行责任追究。

3）谭明，中共党员，时任河南航空运行控制中心经理。主要负责公司运行调度、监控、协调现场保障工作和运行控制中心的全面工作等；2011 年 4 月，被免去河南航空运行控制中心经理职务。未能合理调配事故航班机组人员，造成该机组成员均为第一次执行伊春机场飞行任务。对事故的发生负有重要领导责任，建议给予降级、党内严重警告处分。

事故发生后，中国民航局空管局和中南空管局已给予中南空管局气象中心信息室副主任朱娜降级处分、时任中南空管局气象中心信息室主任吴志强撤职处分、时任中南空管局气象中心主任郑炳智降级处分、中南空管局副局长吴晓宏记过处分、时任中南空管局局长张建警告处分。建议对朱娜追加处理。

朱娜，中共党员，中南空管局气象中心信息室副主任，负责部门的现场运行和人员培训，担任气象数据库的系统管理员，负责气象数据库系统的运行维护工作。在中南空管局气象数据库系统中输错伊春机场代码，导致伊春机场特殊天气报告没有最终传输到河南航空，使河南航空运控部门无法对机组进行必要的提醒和建议。对此负有直接责任，建议解聘其中南空管局气象中心信息室副主任职务。

（2）对有关责任单位的处理建议

依据《中华人民共和国安全生产法》、《生产安全事故报告和调查处理条例》等法律法规规定，建议对河南航空有限公司处以 500 万元罚款。

事故发生后，中国民航中南地区管理局已对河南航空做出暂扣其运行合格证的行政处罚，河南航空重组完成后，必须按照相关规定通过民航监管机构运行合格审定方可恢复运行。

5. 事故防范措施建议

（1）切实落实航空企业安全生产主体责任

航空企业要切实落实安全生产主体责任，牢固树立"安全第一"的思想，正确把握安全与发展、安全与效益的关系，确保企业的发展速度规模与安全保障能力相适应。航空企业主要负责人要认真履行安全生产第一责任人的责任，全面加强安全管理，建立健全安全管理体系，确保安全投入、设施设备、教育培训落实到位。河南航空作为具有运行合格证的独立承运人，要结合公司战略重组，充实注册资本，完善公司治理，加大安全生产投入，加强安全管理，确保公司安全运行。

（2）加强飞行人员管理和机组资源管理

河南航空及各航空企业要按照有关法律法规和民航规章要求，严格执行机长放飞标准，切实加强对飞行人员法律法规和规章标准的教育，强化飞行人员的安全责任意识，增强严格执行规章、标准和操作程序的自觉性，树立严谨细致的飞行作风；要进一步加强飞行技术管理，严格执行技术检查标准，严密实施日常飞行技术监控，针对技术检查和飞行运行中发现的问题，及时制定有效的改进措施，强化针对性训练，提高飞行操作水平；要加强机组资源管理，从机组搭配派遣开始实施控制，综合考虑机组人员的技术能力及性格特点等因素，合理搭配机组力量，提高机组协调配合能力。

（3）提高客舱乘务员应急处置能力

河南航空及各航空企业要高度重视客舱乘务员应急处置能力的培养和提高。要严格按照民航规章的要求配置客舱乘务员人数，严格按照民航规章和航空公司《客舱乘务员训练大纲》组织实施乘务员培训，完善培训教材，改进培训方法，确保培训机构设施设备及教员符合航空公司培训大纲的要求，切实保证乘务员的应急处置能力。

（4）加大对航空企业安全生产的行政监管力度

相关民航管理机构要认真履行监管职责，加大对航空企业的行政监管力度，督促企业落实安全生产主体责任，严格执行国家安全生产法律法规和标准规范，完善规章制度，健全安全机制，保证安全投入，确保航空安全；要进一步优化对航空企业运行的监管机制，运用系统安全监管方式，加强对航空企业运行的日常监管；要进一步加强对飞行员队伍的监管，深入开展飞行技术普查，严格飞行技术标准，不断提高飞行员队伍的安全意识、法规意识和飞行技术水平；要严格把好安全行政许可审批关，严格审批标准，规范审批程序，保证从业单位和人员达到应具备的条件；要加大督促整改力度，对航空企业存在的安全隐患；要及时督促整改到位，对不整改或整改后仍不符合规定条件的航空企业，该取消许可的要取消许可，该停航的要停航；对不及时采取措施治理重大事故隐患，造成严重后果的，要加大责任追究力度，依法严肃处理。

（5）健全法规标准，完善管理制度，提高管理效能

中国民航局要进一步明确和细化对航空企业的经营许可和安全审定相关工作程序和专业规范，制定、完善相关规章制度，规范民航管理机构之间有关航线运行、经营许可的信息传递，加强安全监管队伍建设，充实安全监管力量，提高行业管理和安全监管的科学性和有效性。

（资料来源：http://www.chinasafety.gov.cn/newpage/Contents/channel_20132/2012/0609/172796/content_172796.htm）

【引发思考】

1．公布这份调查报告的意义是什么？

2．依据追究机长齐全军刑事责任的法律依据是什么？应如何量刑？

3．试析事故调查报告的结构。

一次成功的、意义深刻的飞行事故调查

2006 年 10 月 9 日,希腊政府事故调查当局公布了塞浦路斯的太阳神航空公司 (2006 年初更名为 Ajet) 发生于 2005 年 8 月 14 日的 B737-300 飞机在希腊雅典的坠地事故的最终事故调查报告。

该机当日执行由塞浦路斯拉纳卡飞往捷克布拉格的 ZU522 航班。机上乘有 115 名旅客和 6 名机组人员。不幸的是,由于机组错误地设置了客舱增压系统开关又未正确识别氧气面罩掉下和客舱高度的告警,而爬升至 FL340 (34 000 英尺,1 英尺 = 0.3048 米) 的巡航高度飞行,造成机组因缺氧而失能,致使飞机呈无人驾驶状态下"自动"飞行至希腊雅典国际机场的 KEA 全向信标台 (VOR) 上空并进入等待空域程序飞行,直至因机上燃料耗尽,两台 CMF56 发动机先后停止工作,飞机失去动力而自行降低飞行高度,在希腊雅典国际机场的西北方向 33 千米处坠地失事。机上所有人员全部遇难。

事故调查最终报告详细公布了从起飞到坠地期间的以下 5 个关键时刻的飞行情况。

1) 当飞机起飞后爬升穿越 16 000 英尺高度时,机组获得继续爬升至 FL340 高度并保持平飞的空中交通管制部门的放行许可;机组联络航空公司运行控制中心并向其报告:起飞形态告警和设备冷却系统故障。

2) 当飞机爬升穿越 18 200 英尺高度时,客舱氧气面罩自动掉下;调查报告确认,此时机组没有对"客舱高度告警"进行识别,也没有注意到氧气面罩已经掉下的现实。

3) 随后的 8 分钟内,机组数次与运行控制中心进行无线电联络,将一些特殊性的故障报告给该中心。

4) 在此无线电联络过程中,飞机爬升穿越 28 900 英尺高度。也就在此刻,中断了双向无线电联络,飞行员再也没有对呼叫做出任何反应。

5) 悲剧发生了,由于飞机增压系统失效而致机组缺氧失能 (或死亡)。

事故调查最终报告指出,缺乏客舱机组人员向驾驶舱机组报告客舱失压情况的程序和驾驶舱机组对氧气面罩掉下的事实的不管不顾而继续爬高的行为是导致飞行事故发生的因素。

(资料来源:http://safety.caac.gov.cn/admin/news/outview.do?pk=100000052851092)

【引发思考】

为什么事故调查最终报告要详细公布从起飞到坠地期间的几个关键时刻的飞行情况?

本 章 小 结

　　本章主要讲述了航空器事故的概念和等级、事故调查的原则和搜寻援救人员、事故当事人和相关人员的法律义务、搜寻援救的原则和实施及相关的法律规定。

　　本章重点：航空器事故的概念和等级，搜寻援救的原则和实施。

　　本章难点：涉外航空事故调查的特别规定。

思 考 与 练 习

　　1. 试述航空器事故的概念及事故的等级。

　　2. 简述搜寻援救的原则和实施。

　　3. 谈谈你对搜寻援救人员、事故当事人、有关人员的法律义务的认识。

　　4. 试述搜寻援救的国际合作。

第**7**章　航空器对地面第三人损害的赔偿责任

知识目标

- 清楚"第三人"的含义和对第三人损害的概念，领会对第三人损害责任的责任原则。
- 重点掌握对第三人损害责任原则、责任承担人、诉讼时效和适用范围的有关规定。

能力目标

- 了解航空器对地面第三人损害的概念和责任制度。
- 掌握诉讼时效的特别规定。

飞机的飞行活动或运输活动不可避免地会造成承运人对旅客、托运人等作为运输合同当事人的损害，另外，还会涉及其他各方面当事人的民事责任责任问题，其中就有对非旅客或托运人的受损害的第三方所造成的损害。航空器对第三方造成了损害，航空器的经营人应当承担责任。对于航空器对地面第三人的损害责任问题，国际法和国内都作了相应规定，以保证受害人能及时得到补偿。

7.1　对第三人损害的概念和性质

7.1.1　对第三人损害的概念

《民用航空法》第一百五十七条第 1 款规定："因飞行中的民用航空器或者从飞行中的民用航空器上落下的人或者物，造成地面（包括水面，下同）上的人身伤亡或者财产损害的，受害人有权获得赔偿；但是，所受损害并非造成损害的事故的直接接后果，或者所受损害仅是民用航空器依照国家有关的空中交通规则在空中通过造成的，受害人无权要求赔偿。"

由于合同的相对性，合同相对当事人之外的人被称为"第三人"，在航空运输中，航空承运人或者托运人及收货人是一种航空运输合同关系。航空运输合同当事人之外的都是第三人。航空器在运转中对第三人造成损害，航空器经营人应当承担责任。但是在航空运输中，第三人又存在复杂的情况，应依据不同的法律关系，按照不同的法律规定区别对待。例如，在航空运输或者航空作业过程中，受害人虽是航空运输合同或航空作业合同之外的第三人，但他们是航空器经营人的工作人员，受有关劳动合同的约束，因而不适用关于对第三人损害责任的法律。航空器对第三人损害责任主要涉及航空器对地面（包括水面）第三人造成损害的责任和航空器碰撞造成损害的责任。地面第三人损害责任属于侵权范畴，责任的确定和范围同承运人对旅客和其他的有合同关系的人之间的问题有所不同。

7.1.2 第三人损害责任的性质

航空活动中的第三人因为航空事故的侵权而享有了赔偿请求权，可以确定的是，航空活动中的第三人与航空运营者之间并不存在法律上的关系，因此，第三人损害责任是一种侵权责任而不是合同责任。

由于第三人损害责任是一种侵权责任，责任人就应当承担相应的民事责任。在民用航空活动中，对地面第三人造成损害是一种特殊的侵权行为，适用的是一种无过错责任制。在这种责任制下，无论行为人是否存在过错，都必须承担赔偿责任。

航空器在空中航行，系高度危险作业。世界上很多国家对高度危险作业致人损害的性质基本上都认为是一种特殊的侵权责任，但在归责的原则上略有不同。各国法律规定对高度危险作业致人损害都认为特殊侵权，其归责原则主要有两个：一个是无过错责任制；另一个是严格责任制。从我国《民法通则》第一百二十三条的规定上来看，高度危险作业对第三人损害赔偿责任的规则是无过错责任制。故有学者认为，民用航空器对地面第三人侵权行为适用的原则是无过错责任；但《民法通则》中对无过错责任的免责事由进行了严格限制，只有不可抗力和受害人的故意行为，而《民用航空法》第一百六十一条规定："依照本章规定应当承担责任的人证明损害是完全由于受害人或者其受雇人、代理人的过错造成的，免除其赔偿责任；应当承担责任的人证明损害是部分由于受害人或者其受雇人、代理人的过错造成的，相应减轻其赔偿责任。但是，损害是由于受害人的受雇人、代理人的过错造成时，受害人证明其受雇人、代理人的行为超出其所授权的范围的，不免除或者不减轻应当承担责任的人的赔偿责任。一人对另一人的死亡或者伤害提起诉讼，请求赔偿时，损害是该另一人或者其受雇人、代理人的过错造成的，适用前款规定。"可见，受害人的过错成了经营人或应当承担责任的人的免责事由，因此称严格责任更为贴切。因为严格责任并不是不考虑行为人的过错，只是加重行为人的举证责任，当行为人造成损害结果时推定行为人有过错，应承担责任，除非行为人能举证自己的行为符合法定的免责条件。同时，严格责任还要考虑受害人的过错，这与无过错责任中的绝对责任明显有别。

航空器空中碰撞，往往呈现复杂的情况，经常难于判明谁有过错。有学者认为，在这种情况中应实行公平责任原则。但我国《民用航空法》第一百六十二条规定："两个以上的民用航空器在飞行中相撞或者相扰，造成本法第一百五十七条规定的应当赔偿的损害，或者两个以上的民用航空器共同造成此种损害的，各有关民用航空器均应当被认为已经造成此种伤害，各有关民用航空器的经营人均应当承担责任。"从此规定可以看出，在航空器空中碰撞中，对地面第三人而言，公平责任原则无论是在其实质方面还是在其操作性方面都存在一定问题，所以不应作为对地面第三人侵权的一项归责原则。对于地面第三人而言，相撞的航空器应当承担严格责任，根本没有必要追究哪家航空器有过失。

7.2 我国民用航空法的有关规定

我国《民用航空法》第十二章"对地面第三人损害的赔偿责任"的制定，主要参考了1952年《罗马公约》及1978年《蒙特利尔议定书》的规定，共分两大部分内容：一部分是关于航空器的经营人对地面第三人损害的赔偿责任制度的规定；另一部分是关于对地面第三人损害赔偿责任和保险问题的规定。

7.2.1 责任制度

首先，我国《民用航空法》确立了无过失责任制度。第一百五十七条规定："因飞行中的民用航空器或者从飞行中的民用航空器上落下的人或者物，造成地面（包括水面，下同）上的人身伤亡或者财产损害的，搜害人有权获得赔偿；但是，所受损害并非造成损害的事故的直接后果，或者所受损害仅是民用航空器依照国家有关的空中交通规则在空中通过造成的，受害人无权要求赔偿。前款所称飞行中，是指自民用航空器为实际起飞而使用动力时起至着陆冲程终了时止；就轻于空气的民用航空器而言，飞行中是指自其离开地面时起至其重新着地时止。"从上述规定可以得出以下两条结论。

1）损害赔偿实行的是无过失责任原则。只要是飞行中的民用航空器或者从飞行中的民用航空器上落下的人或者物，造成地面上的人身伤亡或者财产损害是客观事实，受害人即有权获得赔偿。但是，这种客观责任不是绝对责任。

2）损害赔偿有明确的范围。一是赔偿直接损害，不赔偿间接损害，即所受损害并非造成损害事故的直接后果，受害人无权要求赔偿。二是所受损害仅是民用航空器依照国家有关的空中交通规则在空中通过造成的。

其次，我国《民用航空法》第一百六十条和一百六十一条确立了法定免责的条件。第一百六十条第1款规定："损害是武装冲突或者骚乱的直接后果，依照本章规定应当承担责任的人不承担责任。"第一百六十条第2款规定："依照本章规定应当承担责任的人对民用航空器的使用权业经国家机关依法剥夺的，不承担责任。"第一百六十一条第1款规定："依照本章规定应当承担责任的人证明损害是完全由于受害人或者受雇人、代理人的过错造成的，免除其赔偿责任；应当承担责任的人证明损害是部分由于受害人或者其受雇人、代理人的过错造成的，相应减轻其赔偿责任。但是，损害是由于受害人的受雇人、代理人的过错造成时，受害人证明其受雇人、代理人的行为超出其所授权的范围的，不免除或者不减轻应当承担责任的人的赔偿责任。"

7.2.2　责任主体

赔偿责任应当由航空器的经营人承担，我国《民用航空法》第一百五十八条规定："本法第一百五十七条规定的赔偿责任，由民用航空器的经营人承担。前款所称经营人，是指损害发生时使用民用航空器的人。民用航空器的使用权已经直接或者间接地授予他人，本人保留对该民用航空器的航行控制权的，本人仍被视为经营人。经营人的受雇人、代理人在受雇、代理过程中使用民用航空器，无论是否在其受雇、代理范围内行事，均视为经营人使用民用航空器。民用航空器登记的所有人应当被视为经营人，并承担经营人的责任；除非在判定其责任的诉讼中，所有人证明经营人是他人，并在法律程序许可的范围内采取适当措施使该人成为诉讼当事之一。"

从以上规定可以得出民用航空器经营人的含义有以下 4 个方面：①损害发生时使用民用航空器的人；②本人将民用航空器的使用权已经直接或者间接地授予他人，但保留对该民用航空器的航行控制权，本人仍被视为经营人；③经营人的受雇人、代理人在受雇、代理过程中使用民用航空器，无论是否在其受雇、代理范围内行事，均视为经营人使用民用航空器；④民用航空器登记的所有人应当视为经营人，并承担经营人的责任，除非在判定其责任的诉讼中，所有人证明经营人是他人，并在法律程序许可范围内采取适当措施使该人成为诉讼当事人之一。

另外，这里需要明确以下问题。

1）当民用航空器所有人被视为经营人，所有人享有经营人所能援用的抗辩权。

2）非法使用民用航空器对地面第三人造成损害，有航行控制权的人与该非法使用人承担连带责任，除非有航行控制权的人证明本人已经适当注意防止此种非法使用。这里所称非法使用民用航空器，是指未经对民用航空器有航行控制权的人的同意而使用航空器。

3）两个以上的民用航空器在飞行中相撞或者相扰，对地面第三人造成损害，或者两个以上民用航空器共同对地面第三人造成损害，各有关民用航空器均应当被认为已经造成此种损害，各有关民用航空器的经营人均应当承担责任。

4）上述应当承担责任的人及其受雇人、代理人，对于飞行中的民用航空器或者从飞行中的民用航空器上落下的人或者物对地面第三人造成损害，只在本法规定的范围内承担赔偿责任，除非故意造成此种损害，否则不在规定范围之外承担责任。

5）《民用航空法》第十二章的规定不妨碍对损害应承担责任的人向他人追偿的权利。

7.2.3　保险与担保

我国《民用航空法》第一百六十六条至一百七十条规定了第三人责任之中必须涉及的保险和担保、保险人的抗辩权等。航空器投保地面第三人责任险是一种强制性要求。民用航空器的经营人应当就其拥有航空器，投保地面第三人责任险或者取得银行等金融机构的责任担保。

法律规定的地面第三人责任险是指投保人（一般是航空公司）就其对地面或水面造成的人身伤亡或者财产损害的赔偿责任向保险人投保，在保险事故发生后由保险人向地面或者水面上遭受损害的人先行赔偿的保险制度。

责任担保，是指被担保人（如航空公司）以其对地面第三人损害的赔偿责任为合同标的与担保人（通常是银行等金融机构）约定，当发生航空器对地面第三人的损害，被担保人不履行其赔偿责任时，担保人代为承担责任的保证措施。

7.2.4　诉讼时效

我国《民用航空法》规定，地面第三人损害赔偿的诉讼时效期为 2 年，自损害发生之日起计算；但是，在任何情况下，时效期间不得超过自损害发生之日起 3 年。上述关于对地面第三人损害赔偿责任的规定不适用下列损害。

1）对飞行中的民用航空器或者对该航空器上的人或者物造成的损害。

2）为受害人同经营人或者同发生损害时对民用航空器有使用权的人订立的合同所约束，或者为适用两方之间的劳动合同的法律有关职工赔偿的规定所约束的损害。

3）核损害。

7.2.5　境内赔偿数额

关于如何确定外国民用航空器在我国境内造成地面第三人的损害的法律适用，《民用航空法》第一百八十九条规定："民用航空器对地面第三人的损害赔偿，适用侵权行为地法律。民用航空器在公海上空对水面第三人的损害赔偿，适用受理案件的法院所在地法律。"但是对地面第三人损害的赔偿限额，我国《民用航空法》对此没有做出明确规定。在此只得将地面赔偿计算方法方面的问题引用我国《民法通则》的规定。对于财产损害，根据我国《民法通则》的规定，损坏国家、集体的财产或者他人财产的，应当赔偿损失。对于人身伤害，《民法通则》第一百一十九条规定："侵害公民身体造成伤害的，应当赔偿医疗费、因误工减少的收入、残废者生活的补助费等费用；造成死亡的，并应当支付丧葬费和死者生前扶养的人必要的生活费等费用。"根据上述《民法通则》的规定，外国航空器在我国境内对地面第三人造成损害的责任显然是没有限额的。但应当注意的是，在 1986 年制定《民法通则》时，我国公民的生活水平普遍偏低。即使按照 1952 年的 4 万美元限额赔偿也要比其他种类的损害赔偿按无限额责任赔偿要高。如果简单地依据上述规定来赔偿，对我国公民来说显然是不公平的。对外国民用航空器在我国境内对地面第三人造成损害赔偿数额，应当根据《民法通则》第八章第一百四十二条的原则规定来处理。中华人民共和国缔结或者参加的国际条约同本法有不同规定的，适用国际条约的规定；但是，中华人民共和国声明保留的除外。中华人民共和国法律和中华人民共和国缔结或者参加的国际公约没有规定的，可以适用国际惯例。我国并没有批准 1952 年的《罗马公约》和 1978 年的《蒙特利尔议定书》，但是，应该将其他的条款作为惯例使用。

我国《民用航空法》涉及地面第三人损害责任的规定基本上来自 1952 年的《罗马公约》的规定，但是，其中也体现出了一些不够完善和不同的地方。

我国《民用航空法》对地面第三人损害的法律适用也没有规定责任限额，在实际操作中有很大的问题。同样是责任问题，我国民用航空法将航空运输分为国内航空运输和国际航空运输，原则规定国内航空运输承运人的赔偿责任限额由国务院民用航空主管部门制定，报国务院批准后公布执行；而对国际航空运输却规定了 16 600 计算单位的赔偿限额，约为 2 万美元。这种区分造成国内和国际航空运输的赔偿责任限额有很大的差别。

阅读材料

大韩货机空难案

1999 年 4 月 15 日，韩国大韩航空公司一架货机在上海莘庄一带坠毁，造成地面 5 名中国公民不幸遇难。这是对地面第三人造成的伤害，不是对乘客所造成的伤害。

在航空运输中，航空公司与旅客或者托运人及收货人是一种航空运输合同关系。航空运输合同当事人之外的都是第三人。因为大韩航空货机坠毁造成地面 5 名中国公民死亡，上海市高级人民法院根据《民用航空法》和《民法通则》的规定，判处大韩航空公司分别赔偿 4 位空难死难者家属 88 万元、88 万元、108 万元和 111 万元人民币（另一名死难者家属接受了 52.5 万元的赔偿）。

(资料来源：http://www.carnoc.com/txtm/article/698.html)

【引发思考】

大韩航空公司可以依据国际法的相关规定提出管辖权异议么？

阅读材料

包头空难案

2004 年 11 月 21 日 8 时 21 分，由内蒙古自治区包头市飞往上海市的 MU5210 航班，在起飞后不久坠入机场附近南海公园的湖里，包括 47 名乘客、6 名机组人员在内的机上 53 人全部罹难，同时遇难的还有 2 名地面公园工作人员。

地面遇难者白德金家属已经与东方航空云南公司签订了《"11·21"空难赔偿款支付收据暨责任解除书》，东方航空云南公司共向其支付了赔偿金人民币 39.3 万元。东方航空云南公司依据《民法通则》、《民用航空法》、《最高人民法院关于审理人身损害赔偿案件适用法律若干问题的解释》，对于地面遇难者白德金家属一次性支付了赔偿金人民币 38 万元。其中，丧葬费 1.2 万元，死亡赔偿金 16.7 万元，食宿交通误工补助费 3 万元，抚慰金 7.5 万元，生活困难补助金 9.6 万元。同时考虑到白德金的家属没有在接待的宾馆食宿，东方航空公司增加了食宿交通误工补助费 1.3 万元。

经过多次协商，中国东方航空云南公司与包头市政府目前就"11·21"空难所造成的南海公园水污染问题达成赔偿协议：双方一致同意南海公园湖水水体污染治理费用为人民币 2140 万元。

(资料来源：http://www.xinhuanet.com/chinanews/2005-03/19/content_3904761.htm)

【引发思考】

东方航空云南公司与地面遇难者白德金家属达成的责任解除书的赔偿金额是如何构成的？

本 章 小 结

对于航空器对地面第三人的损害责任问题，国际法和国内法都做了相应规定，以保证受害人能及时得到补偿。本章讲述了"第三人"的含义、对第三人损害的概念和性质，以及对第三人损害责任的责任原则与有关规定。

本章重点：对第三人损害责任原则、责任承担人、诉讼时效的有关规定。

本章难点：损害赔偿实行的无过失责任原则。

思考与练习

1．简述对第三人损害的含义。

2．试述我国《航空法》中第三人损害赔偿的责任制度。

3．案例分析：一航班起飞后，不到 10 分钟就坠毁在 A 市一处民房附近，造成民房倒塌，该民房内 5 人全部死亡。

1) 经查，事故原因是由于飞行员操作不当所致，则案件应如何处理？

2) 若事故原因是民房内私自架设微波发射器，干扰了飞机飞行，则案件应如何处理？

3) 假设飞机并未坠毁，只是飞越该民房，而由于民房本身就属于危房，在飞机的噪声振动下轰然倒塌，则该民房所有人是否能够请求航空公司赔偿？为什么？

第8章 航空运输的管理制度

知识目标

- 掌握航空运输和公共航空运输企业的概念和特点，掌握公共航空运输企业的运营管理、国际航空运输企业管理体制的基本内容。
- 理解航空运输的产业属性、双边航空运输协定的相关内容。

能力目标

- 能够分析航空企业设立、企业运营管理过程中存在的简单而具体的问题。

航空运输既有重要的经济意义，也有重要的政治、军事意义。因此，航空运输是一种特殊的商业活动，无论是国内还是国际都注重技术规范和管理制度的统一，以加强对航空运输的规范化管理。因此，国家必须在宏观上对航空运输实施统一管理。

8.1 航空运输的产业属性和产业特点

航空运输作为一种新的交通运输类别，距今只有100余年的历史，民用航空运输是在航空承运人与消费者之间进行的一种服务交换活动。其产品表现为生产过程在流通过程中的延续，产品形态是运输对象的在空间上的位移，通过航空运输使用人的购买完成其商品属性。

8.1.1 航空运输的产业属性

航空运输与铁路、公路、水上和管道运输，为五大运输方式，组成了整个运输业。运输业是一个独立的物质生产部门，属于第三产业。运输业是生产领域之间的纽带，是生产发展的一个基本条件，其发展程度应与生产和流通的发展水平相适应，处在必须先行的重要地位。

所谓第三产业，又称服务业，指国民经济中能提供服务、取得无形收益或创造财富而不生产有形货物的生产部门。在国际贸易中，国际运输是"服务贸易"的重要组成部分。

8.1.2 航空运输的产业特点

1. 服务性

航空运输的生产过程是航空器场所的变动，其产品是"服务"，是"无形"产品，属于第三产业，是服务性行业。它以提供"空间位移"的多寡反映服务的数量，又以服务手段和服务态度反映服务的质量。这一属性决定了承运人必须不断扩大运力满足社会上日益增长的产品需求，遵循"旅客第一，用户至上"的原则，为产品使用人提供安全、便捷、舒适、正点的优质服务。

2. 商品性

航空运输所提供的产品是一种特殊形态的产品——"空间位移"，其产品形态是改变航空运输对象在空间上的位移，产品单位是"人公里"和"吨公里"，航空运输产品的商品属性是通过产品使用人在航空运输市场的购买行为之后实现的。

3. 国际性

航空运输已成为现代社会最重要的交通运输形式，成为国际间政治往来和经济合作的纽带。其中，既包括国际间的友好合作，也包含着国际间的激烈竞争，在服务、运价、技术标准、经营管理和法律法规的制定与实施等方面，都要受国际统一标准的制约和国际航空运输市场的影响。

4. 准军事性

人类的航空活动首先投入军事领域，而后才转为民用。在现代战争中，制空权的掌握是取得战争主动地位的重要因素。因此很多国家在法律中规定，航空运输企业所拥有的机群和相关人员在平时服务于国民经济建设，作为军事后备力量，在战时或紧急状态时，民用航空即可依照法定程序被国家征用，服务于军事上的需求。

5. 资金、技术、风险密集性

航空运输业是一个高投入的产业，无论是运输工具，还是其他运输设备，都价值昂贵、成本巨大，因此其运营成本非常高。航空运输业由于技术要求高，设备操作复杂，各部门间互相依赖程度高，因此其运营过程中的风险性大。任何一个国家的政府和组织都没有相应的财力，像补贴城市公共交通一样去补贴本国的航空运输企业。出于这个原因，航空运输业在世界各国都被认为不属于社会公益事业，都必须以赢利为目标才能维持其正常运营和发展。

6. 自然垄断性

由于航空运输业投资巨大，资金、技术、风险高度密集，投资回收周期长，对航空运输主体资格限制较严，市场准入门槛高，加之历史的原因，使得航空运输业在发展过程中形成自然垄断。

8.1.3　航空运输产品的特殊商品特性

航空运输是一种特殊的产品，表现为生产过程在流通过程中的延续，其产品形态是运输对象在空间上的位移，亦即只改变运输对象的空间位置，而不改变劳动对象的属性和形态。这种特殊的产品只有投入市场——航空运输市场进行交换，通过航空运输使用人的购买行为，才体现出其价值和使用价值，从而完成商品属性的自身转化。《民用航空法》第九十一条通过对"公共航空运输企业"的定义，明确了公共航空运输企业"以营利为目的"的特点，与其他公共交通方式相比较，在淡化了公益性色彩的同时，指出营利是公共航空运输企业能够继续为公众提供运输服务的前提条件，从法律上确定了航空运输产品的商品特性。

1. 航空运输生产所创造的使用价值和交换价值是附加于航空运输对象之上的

表现在客运上，航空运输直接满足了旅客在尽可能短的时间内改变自己空间位置的需要，运输产品被旅客直接消费；表现在货运上，航空运输产品附加在所运输货物的成本上，在交换中列入流通所需的资金。这和其他运输产品的商品特性是一致的。

2. 运输产品这一特殊的商品是不能储存的

航空运输作为运输产品的特例，也是一边生产一边消费，不能储存，受时间严格制约。这也是区别于其他物质生产部门的重要客观标志。由于航空运输市场的专业化、市场化程度随着我国经济发展和改革开放的进程日益深化，承运人必须提供更为优质的服务才能占领市场，才能在激烈的竞争中保持不败。部分公共航空运输企业及其代理人面向社会推出的所谓"积分卡"、"积点卡"等服务手段明确规定：持卡消费一定的里程，便可获赠积分、积点，而这些分、点（代表一定的待消费里程）累计到一定数额后，可以享受赠送免费不定期机票之类的服务。旅客可以在规定期限内随时使用赠送的免费不定期机票。由此可见，航空运输产品具备一定的可储存性。

3. 航空运输产品的商品生产过程与众不同

航空运输所使用的运输工具（生产工具）是民用航空器（主要是指飞机）。根据《民用航空法》第五条的规定，民用航空器是指除用于执行军事、海关、警察飞行任务以外的航空器，它是作为所有权标的的动产，可成为抵押权的标的，同时又是人格化的物，具有注册登记国的国籍，只有在指定处所标明国籍标志和登记标志并具备航空器注册登记国颁发或核准的适航证、无线电台执照等相关必要文件后方可投入民用航空运输营运。民用航空运输的承运人（生产者）被限制为公共航空运输企业——具有特殊要求的企业法人。

8.1.4 航空运输的种类

根据不同的分类标准，航空运输可划分为不同的种类。

1. 国内航空运输和国际航空运输

从航空运输的性质出发，一般把航空运输分为国内航空运输和国际航空运输。根据《民用航空法》第一百零七条的定义，所谓国内航空运输，是指根据当事人订立的航空运输合同，运输的出发地点、约定的经停地点和目的地点均在中华人民共和国境内的运输。而所谓国际航空运输，是指根据当事人订立的航空运输合同，无论运输有无间断或者有无转运，运输的出发地点、目的地点或者约定的经停地点之一不在中华人民共和国境内的运输。这一定义是参照我国已参加的《华沙公约》和《海牙议定书》的规定的主要精神形成的，决定航空运输性质的唯一标准是运输的"出发地点"、"目的地点"和"约定的经停地点"是否均在我国境内，而确定"出发地点"、"目的地点"和"约定的经停地点"的依据则是当事人双方订立的航空运输合同，即双方当事人的事先约定，一般不考虑在实际履行该运输合同过程中是否因故而改变了航路。在判断航空运输性质时，不考虑运输有无间断或有无转运。

为了进一步确定航空运输的性质，有必要深刻了解连续运输的定义。根据《民用航空法》第一百零八条的规定，航空运输合同各方认为几个连续的航空运输承运人办理的运输是一项单一业务活动的，无论其形式是以一个合同订立或者数个合同订立，都应当视为一项不可分割的运输。因此，是否是连续运输是以航空运输合同当事人各方的共同意思决定的，而不取决于合同的形式，只要合同当事人各方把整个航程当做一次营运，并从一开始就约定使用几处连续承运人，即可构成连续运输。连续运输是不可分割的，如果连续运输的若干个航段中有一个航段是在国外履行，那么整个运输（包括国内航段）都是国际航空运输。

2. 航空旅客运输、航空旅客行李运输和航空货物运输

从航空运输的对象出发，可分为航空旅客运输、航空旅客行李运输和航空货物运输。在我国，航空旅客行李运输一般都附属于航空旅客运输。航空邮件运输是特殊的航空货物运输，一般情况下优先运输，受《中华人民共和国邮政法》及相关行政法规、部门规章等调适，不受《民用航空法》相关条文规范。

3. 包机运输

包机运输是指以民用航空运输使用人为一定的目的，包用公共航空运输企业的航空

器进行载客或载货的一种运输形式，其特点是包机人需要和承运人签订书面的包机运输合同，并在合同有效期内按照包机合同自主使用民用航空器，包机人不一定直接参与航空运输活动。

8.2　公共航空运输企业

8.2.1　公共航空运输企业的概念

公共航空运输企业是指以营利为目的，使用民用航空器运送旅客、行李、邮件或者货物的企业法人。

设立公共航空运输企业，应当向国务院民用航空主管部门申请领取经营许可证，并依法办理工商登记；未取得经营许可证的，工商行政管理部门不得办理工商登记。

8.2.2　公共航空运输企业的特征

1．公共服务性

公共航空运输企业是为公众提供服务的。一切中外旅客、货主都可以享受到公共航空运输企业提供的运输服务。与为特定对象服务的私人航空器和有专门用途的国家航空器不同，公共航空运输企业以自己的航空器为所有的旅客、货主提供服务，具有服务对象的广泛性。

2．营利性

公共航空运输企业是以营利为目的的。这是由民用航空运输的特点所决定的。民用航空运输业是一个高投入的产业，无论是运输工具，还是其他运输设备都价值昂贵、成本巨大。另外，机场设施、导航设备、空中交通管制设备的成本投入和使用费用也是十分巨大的。因此，航空公司的经营成本非常高，为了生存与发展，就必须要营利。任何一个国家的政府都没有相应的财力，像补贴城市公共交通（公共汽车、地铁）一样去补贴本国的航空运输企业。这一点上，与我们通常所说的"城市公共交通"的公益性不同。

3．经营的独特性

公共航空运输企业的经营方式，是直接以航空器运送旅客、行李、邮件或者货物。这也是公共航空运输企业的主要特点，也是区别于其他公共交通运输企业的一个主要标志。不拥有民用航空器的企业，不属于公共航空运输企业的范畴。

4．公共航空运输企业必须是企业法人

公共航空运输企业必须是有独立的财产、独立的法律人格、独立的组织机构、独立对

外承担民事责任的企业法人，符合《中华人民共和国公司法》（以下简称《公司法》）规定的企业法人条件。

8.2.3　公共航空运输企业设立的条件

设立公共航空运输企业，应当具备下列条件：有符合国家规定的适应保证飞行安全要求的民用航空器，航空器必须办理了国籍登记、权利登记，有适航证书；有必需的依法取得执照的航空人员，航空人员的种类、数量符合条件；有不少于国务院规定的最低限额的注册资本。虽无明文规定，但事实上 8000 万元注册资本是我国投资公共航空运输业的最低限额；法律、法规所规定的其他条件，如中外合资的外资比例、法定代表人的国籍等规定条件。

8.2.4　公共航空运输企业设立的程序

公共航空运输企业设立的程序主要有以下 5 点：向中国民航局提出书面申请，须提交设立申请书、可行性研究报告、负责人履历、验资证明及其他文件；中国民航局批准筹建，获得审批证书；两年内筹建企业；向中国民航局申请《经营许可证》；登记注册，领取《企业法人营业执照》。未取得经营许可证的，工商行政管理部门不得办理工商登记。依照《公司法》的规定，公共航空运输企业的组织形式为有限责任公司或股份有限公司。

因此，当事人只有取得经营许可证，才能设立公共航空运输企业。因为民用航空运输是一个高技术、高投入、高风险的行业，需要国务院民用航空主管部门对申请人的设备情况、专业人员情况及其他有关情况进行认真的审查；国家空域资源是有限的，无法容纳太多的航空器在有限的飞行空间从事航空运输，这就需要国务院民用航空主管部门根据民用航空总体发展规划、运力和运量的合理比例、空域使用情况来决定是否让某一申请人设立航空公司，进入运输市场；对不同的经营区域、航线（包括国内航线和国际航线），国务院民用航空主管部门均有不同的要求和标准，需要对申请人的设备情况和技术情况进行专业审查，以决定其经营类别。因此，取得国务院民用航空主管部门的经营许可证，是设立公共航空运输企业的前提条件。

8.3　公共航空运输企业的主要管理规范

我国的民用航空法对公共航空企业的主要经营活动方面进行了法律上的规范，这也是中国民航局进行行业管理、监督的法律依据。公共航空企业的主要经营活动有以下 9 种。

8.3.1　定期航班运输

公共航空运输企业经营定期航班运输的航线必须申请并且要得到中国民航局的批准。中国民航局通过对航线的审批使我国空域得到充分、合理的利用，使我国各地区的航空运力得到协调发展。掌握各航空公司的具体飞行计划安排，以便实行有效的空中交通管制，确保飞行安全。中国民航局通过审批航线来对航空运输市场进行调控，保持运力和运量的基本平衡，使航空运输的发展符合国家民用航空发展的总体规划。

公共航空运输企业暂停、终止经营航线，应当报经中国民航局批准。对公共航空运输企业来说，经过批准而经营某条航线，既是一种权利，也是一种义务。公共航空运输企业一旦进入运输市场，便相对稳定地承担着特定的运量，即在特定航线上运送旅客、行李、邮件或者货物。公共航空运输企业一旦暂停或终止某条航线的经营，对航空运输市场将产生一定的影响。为了将这种影响降到最低点，应组织其他运力补充被某个公共航空运输企业放弃的航线，使航空旅客运输和航空货物运输得以正常进行。

公共航空运输企业经营航班运输，应当公布班期时刻。班期时刻是公共航空运输企业就自己经营的航班发布的航空器离开出发地机场和到达目的地机场的时间。

8.3.2　不定期运输

所谓不定期运输，是指不属于定期航班的民用航空运输。这类规定适用于在中华人民共和国领域内及中华人民共和国和外国之间，从事运送旅客、行李、邮件或者货物的中国和外国民用航空器的一切不定期运输。从事不定期运输，必须向中国民航局申请，提交飞行计划和其他有关文件。

公共航空运输企业从事不定期运输，不得影响航班运输的正常经营。

8.3.3　营业收费项目和运价管理

公共航空运输企业的营业收费项目由中国民航局确定。

所谓公共航空运输企业的营业收费项目，是指公共航空运输企业在经营活动中对旅客、货主可以收取哪些种类的费用，如客票票款、货运费、超重行李费、仓储费等。公共航空运输企业的营业收费项目，直接关系着旅客、货主的权益，关系着航空运输的市场秩序。

国内航空运输的运价管理办法，由国家发展和改革委员会同中国民航局确定，通过航空价格信息系统向社会公布。

国际航空运输运价按照我国与外国政府间的有关协定、协议办理；没有协定、协议的，参照国际市场价格办理，但要报中国民航局批准。

8.3.4　运输安全管理

公共航空运输企业从事旅客运输，必须按照国家有关规定，不得运输拒绝安全检查的旅客和未经安全检查的行李。

公共航空运输企业必须按照中国民航局的规定，对承运的货物进行安全检查或者采取其他保证安全的措施。与对旅客、行李的安全检查不同，对货物的安全检查和安全保证措施，是由公共航空运输企业进行的。

8.3.5　飞行安全管理

公共航空运输企业在设立时，必须拥有一定数量适航的航空器、合格的航空人员及必备的安全保障设施；在营业中，必须保持航空器的适航性，航空人员执照的有效性，以及各种设施运转的正常性。对此，民用航空主管部门定期和不定期地进行安全检查，实施监督管理。

8.3.6　安全保卫

公共航空运输企业（包括与我国通航的外国公共航空运输企业）应当依照国务院的公共航空运输安全保卫规定，制定安全保卫方案，并报中国民航局备案。

民用航空器的安全保卫工作非常重要，是航空运输活动能够顺利进行的前提。它不仅涉及公共航空运输企业自身的经济利益，还涉及国家利益、人民的生命财产安全及国家的形象和声誉。

8.3.7　航空服务质量监督管理

我国《民用航空法》第九十五条规定，公共航空运输企业应当以保证飞行安全和航班正常，提供良好服务为准则，采取有效措施，提高运输服务质量。公共航空运输企业应当教育和要求本企业职工严格履行职责，以文明礼貌、热情周到的服务态度，认真做好旅客和货物运输的各项服务工作。旅客运输航班延误的，应当在机场内及时通告有关情况。这就是要求对航空运输服务质量进行监督管理。

8.3.8　航空运输销售代理业

民用航空运输销售代理人（简称销售代理人）是指从事民用航空运输销售代理业务的营利性企业。代理人受民用航空运输企业委托，在约定的授权范围内，以委托人名义代为处理航空客货运输销售及其相关业务。

公共航空运输企业委托他人代理销售业务，扩大了其销售网点，这既有利于企业组织客、货源，又为旅客和托运人提供了方便条件，便于提高服务质量。为了保障航空运输安全，维护航空运输市场秩序，以及保护公众利益，中国民航局也发布了一系列的相关规定，以对这一行业进行规范和管理。

8.3.9　国际航空运输的检查

公共航空运输企业从事国际航空运输的民用航空器及其所载人员、行李、货物应当接受边防、海关、检疫等主管部门的检查。

从事国际航空运输的民用航空器每次运输都要进出中华人民共和国边境，在设关的国际机场必须接受由国家有关部门如边防、海关、检疫等部门实施的必要的检查，以体现国家主权，捍卫国家权益。按照国际上的通行做法，边防、海关、检疫这 3 种检查，对进出中华人民共和国边境的民用航空器来说，都是十分必要的。

"所载人员"既包括旅客、机组人员，又包括货物运输中随民用航空器押送货物的人员，即民用航空器上的所有人员。

边防、海关、检疫等国家有关主管部门实施检查，应当避免不必要的延误。所谓不必要的延误，是边防、海关、检疫等国家有关主管部门不按照法律、行政法规和规章规定的职权和程序进行检查，或者在检查时玩忽职守、不认真履行职责而给民用航空器及其所载人员、行李、货物造成的延误。

8.4　双边航空运输协定

8.4.1　双边航空运输协定的概念

双边航空运输协定，是国际条约的一种形式，指两国之间就组织和经营国际航空运输业务所达成的协议，是两国间通航的重要法律依据。双边协定所确定的规则，一旦经国际社会所承认，就广为各国采用，便成了国际航空运输法的重要组成部分。

双边航空运输协定一般由序言、协定正文和附件组成，必要时，双方通过"换文"（即交换外交照会或政府主管当局往来函件）、谅解备忘录、声明等形式予以补充，构成双边协定不可分割的部分。

建立国家之间的航空关系，应该确定所遵循的原则。在国家间航空关系中，"尊重主权、平等互利、合理管理和友好合作"是我国一贯倡导的基本原则。这些原则一般写入协定的序言中。例如，中美民用航空运输协定明确规定"遵循相互尊重独立和主权、互不干涉内政、平等互利和友好合作的原则"。

国家间建立外交关系后，一般都要求签订双边航空协定，并按照协定的规定采取积极的步骤，以实施国家间的国际航空运输业务。

8.4.2　双边航空运输协定的主要内容

1. 确定双边航空运输的航空线

所谓"航线"，是指国际航班的走向，通常由始发点、经停点、目的点和以运点相连接的航迹构成。确定航线是国际通航中重要而复杂的问题，需要结合政治、经济、技术等因素，进行综合考虑，审慎确定。一般要做如下考虑：要服从国家的外交政策，为促进对外人员往来、对外经济和文化交流服务；航线沿途现有的潜在的客货源丰富，以及具有良好的经营环境；要从有关国家争取到尽可能充分的航空运营权利，以利于组织和发展航空运输业务；在技术上具备通航条件。航线权利是航班所在的一条或几条航线得以维持和经营，以及在批准的通航地点提供服务的权利。

2. 交换业务权利

"业务权利"是指协议各方相互取得飞越、经停，上下旅客、货物、邮件的权利。这种权利是国家的重要资源和财富，涉及国家的经济利益，各国对此一般采取保护政策。在双边协定谈判中，都将为本国取得充分的业务权利而努力。

3. 指定空运企业

缔约双方可以由各自指定的航空运输企业实施运输业务。一方有权指定、撤销或更改指定运输企业在规定的航线上经营协议航班；另一方则有权审查对方指定的运输企业的资格，并按照法律和规章规定的条件发给、暂停或撤销经营许可证。

4. 航空运力条款

航空运力条款指双边协定中关于运力管理的规定，即在一定的航线上提供的运输能力，包括使用飞机的载运能力和航班的次数，这对被指定的运输企业的业务经营和市场竞争有重要意义。因此，缔约双方必须通过协商对运力予以合理的管理。

5. 航空运价条款

航空运价条款是指双边协定中关于运价管理的规定。运价是航空公司竞争的一个重要手段。为了避免盲目竞争造成空运市场的混乱，必须对运价进行适当的合理管理，也需双方在协议中明确。

6. 行政性条款

行政性条款是指为了便利指定的运输企业的经营业务活动，缔约双方关于海关、税收、商务、技术服务等方面的具体规定。例如，为了经营规定航线上的协议航班，缔约一方指定空运企业有权在对等基础上，在缔约另一方领土内规定航线上的通航地点设立代表机构，代表机构通常要依照所在地的法律办理注册登记手续，代表机构及其人员受所在地国法律和规章的约束。代表机构是否有业务销售权利，以及人员雇佣等事项都应由双方协议确定。

7. 争端解决条款

争端解决条款是指缔约双方在解释或实施协定发生争议时，应通过何种途径予以解决的规定。在我国和外国签订的双边航空协定中，一般称为"协商"条款。例如，对协定的解释或实施发生争端，双方航空当局应通过协商解决；如协商不成，则通过外交途径解决，或通过其他途径解决。1980年的《中美民用航空运输双边协定》中便规定："如对本协定的解释或实施发生争端，双方应本着友好合作和互相谅解的精神，通过谈判解决；如双方同意，也可以通过斡旋、调节或仲裁予以解决。"

在国际上解决争端的通行办法是，首先由双方协定解决；如协商不成，则交付仲裁解决。如果仲裁，一般由争端双方各指定一名仲裁员，再由仲裁员指定一名首席仲裁员；如就指定首席仲裁员达不成协议，则请国际民用航空组织理事会主席代为指定；然后组成仲裁庭按规定的仲裁程序就争议的事项做出裁决。仲裁庭的裁决，应为终局裁决，对争端的双方均具有约束力。

8. 协定生效、修改和终止条款

签订了双边航空运输协定，并不等于事实的通航，往往由于经济、政治等各种原因长期不能实施通航，或者通航后又长期停航，为此制定此条款。缔约双方签订协议后，还须共同努力，采取积极措施，以早日实现通航。

协定的生效一般有两种方式。第一种方式是"自签字之日生效"。采取这种方式的国家，一般把航空运输协定列为技术性、商务性的协定，划归为一般的国际条约之列；美国则将航空运输协定列为"行政协定"，因此不必通过批准程序。第二种方式是"自缔约双方履行各自的法律手续并以外交换文相互通知后生效"。这是因为有的国家对航空运输协定也需要批准程序。批准程序如何，由各自的法律规定。在采取第二种生效方式的情况下，协定在正式生效前，一般可以自签字之日起临时执行。

协定的修改（包括补充规定）：缔约一方可随时要求与缔约另一方进行协商。这一协商既可以口头进行，如安排会议；也可以采用书面形式，如交换信件。缔约另一方收到缔约一方的修改协定要求后，应在自收到之日起一定期限（如 60 天）内进行，除非双方同意延长这一期限。双方修改协定达成协议后，一般要通过换文确认后生效。在换文确认之前，修改协议也可以临时实施。

协定的有效期：双边航空运输协定一般自签订生效后长期有效。但缔约一方可随时终止临时协定，协定的终止一般自通知终止之日起 12 个月后生效。双边航空运输协定也可以规定有效期限。但在这一期限后如双方不表示终止协定，协定则将继续有效。

阅读材料

奥凯航空有限公司简介

2004 年 5 月 26 日筹建情况如下。

注册资本为人民币 3 亿元。

短期租赁 3 架 B737 飞机。

信息产业部向其颁发了无线电台执照，与天津空管爱特航务服务中心签订了提供通信、气象、航行情报服务的保障协议，与天津滨海国际机场签订了机坪租赁协议和场道使用协议。

中国民航总局适航司批准了其标志和航空器外部喷涂方案。

同时，该公司已有飞行人员26名，航空器维修人员26名，飞行签派人员5名，乘务人员8名（其中3名安全员），营销人员11名。

经国际民用航空组织正式注册，中国民航总局空管局向其指配了三字代号（OKA）和无线电呼号（中文无线电呼号为奥凯，英文无线电呼号为OKAYJET）。

国际航空运输协会向其指定了二字代码（BK）和结算码866。

北京盛邦保险经纪有限公司同意为其承保地面第三人责任险、乘客法定责任险、机组人员责任险等保险。

中国民航总局批准其运输凭证。

2005年3月11日，作为中国第一家批准运营的民营公共航空运输企业，奥凯航空有限公司投入运营。

2005年10月，奥凯航空有限公司的外资比例：将向两家韩国公司出售总计49%的股份。其中，大韩航空公司将持股25%，另一家韩国金融机构购入24%的股份。奥凯航空有限公司成为国内首家引进外资的民营航空公司。

2006年年底，奥凯航空有限公司又与美国联邦快递合作，开展了次日送达业务，机型是B737-300F全货机。

现在，奥凯航空有限公司共有8架飞机（B737-800 4架，B737-500 1架"安徽联华号"，B737-300 3架，其中两架B737-800为全新飞机）。

（资料来源：http://www.globrand.com/2009/160472.shtml）

【引发思考】

奥凯航空有限公司的成立和运行在中国民航法制史上的意义何在？

阅读材料

国际航空运输管理体制的变化

1944年芝加哥会议后，国际政治经济形势发生了很大变化，国际航空运输管理体制也随之发展变化，大体分为以下3个时期。

第一时期：第二次世界大战结束后至1962年。这一时期，在《芝加哥公约》体制下，国际航空运输以年平均递增率20%的速度稳步发展，被西方国家称为航空运输的"黄金时代"。当然，这种"黄金时代"仅仅属于西方航空大国，航空运输业几乎为他们所垄断。

第二时期：1963～1977年。这一时期从1962年《国际航空运输协会》甘德会议失败开始，中间经石油危机，到 1977 年《百慕大协议》被废除，国际航空运输协会被迫做重大变革为止，是国际航空运输领域中矛盾逐渐激化，管理结构发生重大变化的时期。

第三时期：1978 年至今。这一时期是"航空自由化"趋势不断发展时期。

在整个过程中，国际航空运输管理体制主要发生了以下变化。

1）不定期航空运输和定期航空运输同时纳入双边航空运输协定的轨道的趋势。

1944 年《芝加哥公约》对不定期航空运输和定期航空运输的管理规定是不同的，但是随着形势的变化，两者之间的界限越来越模糊不清。随着不定期飞行的迅速发展，有必要协调两者之间的关系，将两者同时纳入双边航空运输协定的轨道。

2）百慕大体系崩溃。

1976 年 6 月，英国单方面宣布废止美英《百慕大协议》，美英两国不得不就航空协议展开新的谈判。1977 年 7 月，双方签署了《百慕大第二号协议》，将《百慕大第一号协议》中航空运力管理上的"事后审议法"改成"事先审议"，在增加运力方面有了更多限制。这一协议在国际上引起连锁反应，使一些国家纷纷提出修改以前的协议，以要求平等的权利。

3）美国"不管制"政策的冲击，加强了航空自由化的倾向，在多边管理体制下形成了多元模式并存的局面。

所谓"航空自由化"，是指航空运输经济自由化，指取消政府对航空运输在经济上的控制，主要实行进入市场和制定运价自由化，使其完全由市场机制来调节。

所谓"不管制"，是相对管制而言的，是一种"放任政策"，是航空自由化的一种形式。

将"不管制"政策适用于国际航空运输，便形成了"开放天空"的概念。所谓"开放天空"，是指在尊重各国主权的前提下，各国之间相互给予自由进入对方航空运输市场的权利，即相互开放航空运输市场。

1978 年 10 月 24 日，美国国会通过了《航空公司不管制法》，1980 年又通过了《1979 年国际航空运输竞争法》。这两法推动了"开放天空"政策。

4）"国际航协"削弱了航空运输的协调职能。

1978 年国际航空运输协会蒙特利尔会议将国际航空运输协会的组织机构调整为两级结构，其活动一是行业协会活动，涉及技术、法律、财务、运输服务及有关代理人事务等协会协调事项，每个会员必须参加，具有强制性；二是运价协调活动，涉及客、货运价及代理人的协调，为任意性的，协会成员可自行选择参加。

5）国际航空运输管理体制的发展趋势：多边化、区域化、全球化、私有化。

今天，随着国际经济和政治形势的变化，在国际航空运输领域，明显出现了管理体制多边化、区域集团化和航空运输全球化的倾向。

(资料来源：刘伟民. 国际航空运输管理体制的发展趋势（上、下）. 民航经济与技术. 1998.06)

【引发思考】

"航空自由化"趋势对双边航空运输协议条款的影响有哪些？

本 章 小 结

从航空运输的概念入手，本章较为全面地阐述了航空运输的产业属性和特点、公共航空运输企业的概念和特点、公共航空运输企业的运营管理、双边航空运输协定等内容，是航空运输管理体制的基本概念和相关法律内容。力求使学生能够通过本章的学习较为系统地掌握航空运输管理体制的基本法律知识。

本章重点：航空运输的概念和特点、公共航空运输企业的概念和特点、公共航空运输企业的运营管理、国际航空运输企业管理体制的基本知识和基本理论。

本章难点：公共航空运输企业的运营管理、双边航空运输协定的基本知识和基本理论。

思 考 与 练 习

1. 公共航空运输企业的概念和特征是什么？

2. 设立公共航空运输企业必须具备哪些条件？

3. 简述航空运输运营管理的主要内容。

4. 如何区分定期航班和不定期航班？

5. 试述双边航空运输协定的主要条款。

6. 飞机降落后，乘客 A 在走下舷梯的过程中，不慎踩空落下，造成右臂骨折。后又发现其随身携带的一些特产（主要是熟食）由于机舱内较暖和，熟食已经变质。请问：乘客 A 向航空公司索赔医疗费用和熟食的赔偿费用，能否得到支持？

第**9**章　航空运输合同

知识目标

- 掌握航空运输合同的概念和特征，掌握国内法和国际公约关于航空运输合同的法律适用的相关内容。
- 理解航空运输合同的形式、内容、构成的相关内容，领会航空运输合同格式条款中的解释原则。

能力目标

- 能分析航空运输活动过程中承运人与消费者之间常见的合同纠纷。

民用航空运输是在航空承运人与消费者之间进行的一种服务交换活动。服务交换是这种运输的经济内容，而航空运输合同则是这类服务交换所必须采取的法律形式。航空运输合同通常表现为各种航空运输凭证、公示生效的航空运输条件、公布生效的法律法规的有机结合，在形式上以网络交易成功或承运人出具航空运输凭证为合同成立的初步证据。

9.1　我国的运输合同法律体系

我国现行法律体系中涉及运输合同关系的法主要是专门运输法律，如《中华人民共和国铁路法》、《中华人民共和国海商法》（以下简称《海商法》）、《民用航空法》等，从法的渊源上看还涉及由客运规则、货运规则等所构成的运输行政规章。

9.1.1　《民法通则》

《民法通则》是我国民事关系方面的基本法律，其一般规定适用于运输合同权利义务关系，但不具有运输经济关系所要求的全部可操作性。

9.1.2　《合同法》

《合同法》属于合同基本法，是调整交易关系的法律，运输合同应遵循《合同法》的基本原则。运输合同中国家的行政主导性非常明显。专门运输法律中关于运输合同权利义务关系的各种规定，充分体现了国家的意志，构成运输合同当事人的基本权利、义务的内容。

9.1.3　专门运输法律和客运规则、货运规则

各种专门运输法律规定和调整各运输生产方式中人与人、人与物（运输工具、设施）的关系。但是任何一部专门的运输法都不能将运输关系中所有的问题都做出详细、全面的规定，同时也由于运输合同的种类、内容的复杂性，因此运输合同的具体内容需要由运输行政法规、规章予以细化和完善。

9.2　航空运输合同的概念及其特征

民用航空运输是在航空承运人与消费者之间进行的一种服务交换活动。服务交换是这种运输的经济内容，而航空运输合同则是这类服务交换所必须采取的法律形式。在民用航空运输活动中，航空公司向消费者提供并完成运送服务，而购买这种服务的消费者则向航空公司支付相应的价款。航空运输合同是运输合同中的一种特殊形式。

9.2.1　航空运输合同的概念

航空运输合同是指旅客、托运人、收货人和承运人及其代理人依法达成的，确定当事人之间权利义务法律关系的协议。航空运输并不签订具体的协议，而是通过旅客购票和托运人通过承运人填写货运单来确定双方的权利义务关系。航空运输凭证是指航空运输中用来确立旅客、托运人、收货人、承运人及其代理人之间权利义务关系的法律文件。航空运输中常见的运输凭证有客票、行李票和货运单。

9.2.2　航空运输合同的特征

航空运输合同作为运输合同的一种，除了具有运输合同的一般特征外，还具有以下特征。

1. 承运人资格特定化

旅客或托运人是不特定的社会公众，而承运人必须是具有特定资格的、拥有运输能力的企业。双方的法律地位固然是平等的，但由于行业垄断性和对社会影响巨大，事实上双方不可能完全平等。国家既要保护或扶助航空运输企业，以适应全社会经济发展的要求，又要保护航空运输的利用者（即社会公众）的利益，而对承运人加以种种限制，赋予种种

义务，因此表现为承运人必须具有特定资格。

2. 合同的强制缔约性

合同的强制缔约性主要体现在承运人身上。承运人所从事的运输活动，面向的是社会公众，因而具有普遍的社会意义。《合同法》第二百八十九条规定："从事公共运输的承运人不得拒绝旅客、托运人通常、合理的运输要求。"

3. 航空运输合同没有形式要件的要求

客票、行李票和货运单总称为"运输凭证"，在法律上只具备"初步证据"的性质。对此，《华沙公约》已明确规定："客票、行李票或货运单缺如，不合规定或遗失，不影响运输合同的存在和有效。"因此，客票、行李票和航空货运单不是合同，只是一种证明，即对承运人与旅客或托运人之间所发生的航空运输合同关系的证明，所以航空运输合同无形式要件的要求。

4. 航空运输合同为格式合同

所谓格式合同，是基本内容与形式均由一方当事人为与多数人订立合同而事先制定，并在其经营或管理活动中反复使用，而作为另一方当事人（或单独、或集体）不能对合同基本内容与形式做出任何变更的合同。

航空运输合同的基本内容全部由承运人单方事先依法律、行业惯例、经营需要确定，消费者只有对合同表示接受或不予接受的权利，却没有对合同条件讨价还价的自由。无论消费者对合同内容知与不知，多知或少知，消费者均要受其约束。

5. 航空运输合同是记名合同

与其他运输合同不同的是，航空运输合同是记名合同，并且是实名登记。同时，对旅客的行为约束比其他运输合同更为严格。因此，航空运输凭证是记名有价证券。

9.2.3　航空运输合同的种类

航空运输合同依照不同的分类标准，可以分为以下几种：按航空运输合同标的的不同，可分为国际航空运输合同和国内航空运输合同；按航空运输对象的不同，可分为航空旅客运输合同、航空旅客行李运输合同和航空货物运输合同；按航空运输主体权利义务关系的种类，可分为标准型航空运输合同和约定型航空运输合同两种。所谓标准型航空运输合同，就是指航空运输主体权利义务关系主要由法律规定的航空运输合同，合同条款基本都是格式条款，一般常见的航空运输合同基本都是标准型的。所谓约定型航空运输合同，就是指航空运输主体权利义务关系除法律规定之外，还可由合同双方进行合乎法律规定的约定，合同条款除了格式条款外，还有合同双方协商约定的条款，比较常见的有包机（舱）运输合同。

9.3 航空运输合同的主体、客体和内容

航空运输合同由合同的主体、客体和内容三要素构成。

9.3.1 航空运输合同的主体

航空运输合同主体是指参与航空运输活动的当事人，包括承运人、旅客、托运人和收货人。在航空旅客运输合同和行李运输合同中，一方当事人是承运人，另一方当事人是旅客；在航空货物运输合同中，一方当事人是承运人，另一方当事人是托运人和收货人。双方当事人既是权利主体，又是义务主体。

承运人是指利用运输工具，提供运输服务的人。航空承运人则是从事公共航空运输事业的企业法人。在航空旅客运输合同和行李运输合同中，承运人指包括填开客票的航空承运人和承运或约定承运该客票所列旅客及其行李的所有航空承运人。在航空货物运输合同中，承运人是指包括接受托运人填开的航空货运单或者保存货物记录的航空承运人和运送或者从事承运货物或者提供该运输的任何其他服务的所有航空承运人。

旅客是指经承运人同意在民用航空器上载运除机组成员以外的任何人。因此，未经承运人同意就参与民用航空器的运输活动的人（如私自搭乘、偷乘飞机偷渡的人）不认为是旅客。经承运人同意免费载运的除机组成员以外的任何人是旅客。

托运人是指为货物运输与承运人订立合同，并在航空货运单或者货物运输记录上署名的人。

收货人是指承运人按照航空货运单或者货物运输记录上所列名称而交付货物的人。

9.3.2 航空运输合同的客体

航空运输合同的客体也称航空运输合同的标的。《合同法》中的标的是指有形财物、无形财物、劳务和工作成果。航空运输合同的客体就是航空运输的劳务活动，即航空运输行为，指承运人按照航空运输合同的约定，提供航空运输工具和与该运输条件相应的必要服务，将旅客、货物安全和及时地运送到目的地的行为，旅客、货物是被运送的对象，旅客同时还是航空运输合同的当事人。人身作为运输合同的客体具有特殊性：其一，作为一方主体的旅客必须将自身"交付"给承运人，这是承运人履行合同的先决条件；其二，作为一方主体的旅客应当服从承运人的管理，遵守航空运输安全规则。承运人的这种命令权或管辖权不是源于承运人的强势地位，而是源于人身运输中的安全需要。

9.3.3 航空运输合同的内容

合同的内容就是合同当事人所约定的权利、义务，包括合同的权利和合同的义务，简称债权和债务。合同内容也称合同条款，通常分为主要条款和普通条款。航空运输合同的内容是指航空运输合同主体享有的权利和承担的义务。航空运输合同属于双务合同。所谓

双务合同，是指当事人双方互负对待给付义务的合同，即一方当事人愿意负担履行义务，旨在使他方当事人因此负有对待履行的义务，或者说，一方当事人所享有的权利即他方当事人所负担的义务。由此可见，航空运输合同当事人之间互享权利、互负义务，其权利、义务是对等的。

航空运输合同主体的权利应包括以下 3 个方面的内容。

其一，享有参加航空运输的权利。承运人与运输使用人（旅客、托运人）都有权参加运输活动。

对于旅客和托运人来说，既可以根据自己的需要选择不同的运输方式（如公路、铁路、水路）抵达目的地，当然也有权选择航空运输方式，有权要求承运人提供与该运输条件相应的必要服务，并将其安全、及时地运送到目的地。但是，如果承运人认为运输使用人有违反国家法律和规章、不遵守运输规则且不听劝阻的行为的，有权拒绝承运。

由此可以看出，承运人与运输使用人都享有参加航空运输活动的权利，但同时又都必须履行各自的义务。双方的权利、义务是对等的。例如，旅客、托运人、收货人应履行支付票款或运输费用的基本义务，承运人向旅客出具电子客票行程单或货运单是承运人的法定义务，登机前交验有效证件是旅客的法定义务。

其二，有要求对方作为或不作为的权利。承运人和运输使用人都享有要求对方作为或不作为的权利。

对于承运人来说，有权要求运输使用人为一定行为，即按照运输合同的约定，缴付运输费用。同时，承运人也有权要求运输使用人不为一定行为，即运输使用人不得违反国家法律和规章，以及承运人关于运输的各项规定。

对于运输使用人来说，有权要求承运人为一定行为，即按照运输合同的约定，提供航空运输工具和与该条件相应的必要服务，并将其安全及时地运送到目的地。同时，运输使用人也有权要求承运人不为一定行为，即承运人不得违反约定的义务。

其三，当权利受到侵犯时，有要求国家保护的权利。

当承运人或运输使用人的权利受到对方侵犯时，有权要求国家给予保护。因承运人的过错给旅客或托运人造成损害，如丢失行李或货物，或使行李或货物毁损的，旅客和托运人有权要求承运人承担赔偿责任。反之，因运输使用人的过错致使承运人或承运人对之负责的任何其他人遭受损害的，承运人也有权要求其承担相应的责任。

9.3.4　航空运输合同的构成

航空运输合同的构成在所有合同中较为特殊。从形式上讲，完整的航空运输合同包括运输凭证、运输条件、有关国际公约或政府规章对航空运输的规定、承运人对航空运输的其他规定等；从内容上讲，航空运输合同包括运输凭证上所载的缔约双方、承运人制定并经航空运输使用人认可的关于双方权利、义务的详细约定，以及有关国际公约及国家法律、政府规章关于航空运输合同双方权利、义务的强制规定等。简而言之，航空运输合同在形式上以合法获得承运人填开的航空运输凭证为航空运输合同成立的初步证据；在实质上体现为明示存在的航空运输凭证、公示生效的航空运输条件和公布实施的航空法律法规三者的有机结合。

1. 航空运输条件

航空运输条件就是公共航空运输企业制定的承运旅客、行李和货物的规定，一般来讲也称航空运输合同条件，是航空运输合同的核心内容，集中体现了运输合同双方当事人权利、义务及违反合同时应当承担的责任。航空运输条件实际上就是公共航空运输企业和旅客、托运人共同遵守的行为规范。航空运输条件必须公布。公共航空运输企业制定其运输条件，就是用来约束自己和对方当事人，从而使航空运输活动能够协调有序地进行。

航空运输条件的内容十分细致、全面，是对航空运输合同内容五要素（标的，数量和质量，运价，合同履行期限、地点和方式，违约责任）的具体化。为防止承运人一方利用航空运输合同是附和合同这一特性将不公平条款强加给运输使用人，国际航空运输公约和各国立法基本上都把运输合同条件法定化，成为强制性规定。目前我国各公共航空运输企业制定旅客、行李、货物国内运输条件的依据主要是《民用航空法》、中国民航局发布施行的《中国民用航空旅客、行李国内运输规则》和《中国民用航空货物国内运输规则》等法律、行政法规和规章。

2. 航空运输凭证

航空运输凭证包括客票（电子客票行程单）、行李票和航空货运单。客票（电子客票行程单）是指由承运人或代表承运人所出具的凭证，包括运输合同条件、声明、通知、乘机联和旅客联等内容，行李票可以包含在客票内或与客票相结合。航空货运单是指托运人或者托运人委托承运人填制的，是托运人和承运人之间为在承运人的航线上承运货物所订立合同的证据。航空运输合同的成立以旅客或托运人支付票款或运输费用、承运人向旅客或托运人提供航空运输凭证为条件。由此可见，运输凭证本身并不是航空运输合同，只是航空运输合同关系的证明或主要条款的书面化、证据化，是航空运输合同订立和运输合同条件的初步证据。

航空运输使用人依照约定支付使用航空运输服务的对价，承运人向航空运输使用人出具运输凭证，航空运输合同即告成立，运输凭证就成了航空运输合同成立或已经订立的初步证据。运输合同条件是关于运输合同当事人双方的主要权利、义务的规定。运输合同条件的最主要内容就是承运人的责任规则。而运输凭证则是合同双方接受合同条件的初步证据。此外，在航空运输合同对象是物的情况下，运输凭证还是承运人接受合同对象并认可合同对象基本内容的初步证据，如对托运行李数量、重量和保价金额的认可，对托运货物重量、尺寸、包装、包装件数和声明价值的认可。

电子商务在航空运输领域的应用目前集中在电子客票，电子客票是航空运输电子合同的表现。航空运输凭证为行程单。电子合同是一种采用数据电文形式的书面合同，承诺人通过数据信息形式发送要约，采用到达生效主义，承诺一经到达要约人处合同当即成立，并经承诺人确认生效。但是电子客票在我国现行航空法律框架下不是"客票"，其订立程序也和现行法律规定有冲突，有待通过自 2010 年 7 月 1 日起实施的《侵权责任法》解决。按照我国《最高人民法院关于司法解释工作的规定》"新法优于旧法"的观点，我们相信有了法律的保障，我国航空运输领域的电子商务会发展得更好。

3. 航空运输法律法规

公布实施的航空运输法律法规中对航空运输合同当事人双方权利、义务的强制性规定是航空运输合同内容中的有机组成部分，一般推定为合同当事人双方已经在签订航空运输合同时明知并接受这些内容，且任何人不得以该部分内容的表现形式为航空运输合同不成立的抗辩理由。

9.3.5　航空运输合同中的格式条款

格式条款的定义是，由一方当事人为了反复使用而预先制定的，并由不特定的第三人所接受的，在订立合同时不能与对方协商的条款。

航空运输合同被公认为是格式合同的一种，严格来讲应该是一种以格式条款为主要内容的书面合同，其格式条款一部分印刷于航空运输凭证上，另一部分以公告方式在航空运输合同的订立场所公布，表现形式就是航空运输条件。在航空运输合同中，为了节省费用、节约时间、降低交易成本、适应现代市场经济高度发展的要求，作为合同当事人的航空承运人选择格式条款是一种必然。承运人在订立航空运输合同之前已预先拟定好了格式条款，而与承运人订立航空运输合同的旅客、托运人在订约之前都是社会上分散的、不特定的消费者，只有在进入订约阶段后才成为特定的相对人。而对于所有的相对人，承运人拟定的格式条款都普遍适用。

9.3.6　航空运输合同的附属服务合同

航空运输合同是主合同，在其订立、履行过程中，还随附有其他与航空运输业务密切相关的服务合同，这些附属服务合同均以航空承运人为合同当事人，是航空运输合同恰当、完整履行过程中密不可分和不可或缺的，依托主合同而存在，并以主合同的成立生效为前提。附属服务合同包括地面服务保障合同、航空保险合同、运输销售代理合同等。

1. 地面服务保障合同

地面服务保障合同是航空承运人与相关地面服务部门订立的对承运人经营的航班进行运营保障的协议，合同内容包括航空管制、配餐、燃油、水电、清洁、货物装卸、地面运输、机务维修、不正常航班保障等各个环节，体现了承运人与其他相关服务部门协同配合、共同保障航班正常和航空运输合同的合理履行的特点。

2. 航空运输保险合同

航空运输保险合同是航空承运人与保险人约定投保人在发生保险事故造成损害时，或者在约定的其他条件具备时给付约定保险金额，保险人支付保险费的合同。保险权利义务关系是关于转移风险和承担风险的民事法律关系。在航空运输活动中，常见的航空保险险种有法定强制投保的机身险、法定责任险（旅客、行李、货物、邮件及第三人责任险）、机身战争险和免赔额险，还有由航空运输使用人自行决定是否投保的航空人身意外伤害险等险种，每一类险种都可以独立成立该险种的保险合同。

3. 航空运输销售代理合同

航空运输销售代理合同是指规范航空销售代理人受承运人委托，在约定的授权范围内以承运人的名义向第三人销售航空运输产品行为的合同。中国民航总局于 1993 年 8 月 3 日颁布实行的《民用航空运输销售代理业管理规定》第三条第 1 款的规定指出，民用航空运输销售代理业是指"受民用航空运输企业委托，在约定的授权范围内，以委托人名义代为处理航空客货运输销售及其相关业务的营利性行业"。航空运输销售代理合同因此在航空运输附属服务合同中占有相当重要的地位。

9.4　航空运输合同的成立、生效和完成

航空运输合同作为合同的一种，是航空运输合同当事人达成合意，并经过要约和承诺程序后订立的。航空运输使用人依照约定支付使用航空运输服务的对价，承运人向航空运输使用人出具运输凭证，航空运输合同即告成立，而其生效则要经过法定的确认程序。航空运输合同的完成以旅客到达运送目的地和托运货物的交付为标志。

9.4.1　航空客运合同的成立、生效和完成

航空客运合同的订立通过旅客的购票行为完成。民航承运人的航班班期时刻应在实施前对外公布，这一行为可视为要约邀请。航空客运合同的成立和生效并不一致。航空客运合同的生效时间为旅客持客票办理完值机手续时，即公共运输企业通过其地面值机柜台工作人员查验客票、托运行李、发放登机牌等行为开始履行航空客运合同。旅客到达目的地并走出候机楼到达厅视为合同的完成。

9.4.2　航空货运合同的成立、生效和完成

包机运输合同的成立时间就是包机人和承运人达成合意签订包机运输合同之日，自成立之日起生效，于双方约定合同终止之日完成。

9.5　航空运输合同中的抗辩权

抗辩，是在民事活动中，针对一种民事请求权的行使，依据一定的事实和理由进行对抗，使该种民事请求权消灭或者延缓行使的行为。抗辩权，是指对抗请求权或否认对方权

利主张的权利，简言之，就是行使抗辩的权利。双务合同中的抗辩权，是对抗债权人请求履行权利的权利，通过行使双务合同的抗辩权，使该合同的履行受到拒绝，或者使该合同的履行中止，但都不能消灭这一合同债权人的请求权，只是使合同的履行活动得到延缓，暂时不能履行，法理上把这种抗辩权称为延缓的抗辩权或一时的抗辩权。双务合同中的合同当事人互负债权债务关系，当合同当事人双方中的一方都可以以自己的债权有不能实现的可能或危险时，就可以依法行使先履行抗辩权和不安抗辩权，以平衡当事人利益关系，维护社会经济秩序，保护交易秩序。

在航空运输过程中，航空运输合同是双务合同，合同当事人双方的权利、义务是对等行使的。承运人负有强制缔约义务，安全、正点运输义务和合理运输义务；旅客和托运人负有支付约定的航空运输费用的义务。而这些权利义务关系都是有先后履行顺序的，如旅客和托运人只有先支付了运输费用，承运人才会提供相应的运输服务；承运人只有先履行强制缔约义务，安全、正点运输义务和合理运输义务，旅客和托运人才能完整享受到航空运输服务，按照约定的时间抵达约定的目的地。因此，作为合同当事人双方，必然会在航空运输合同及其附属服务合同履行过程中出现先履行抗辩权和不安抗辩权的发生和实施。

例如，在旅客登机前，托运人在交付托运货物时，如果拒绝对人身、行李和托运货物进行安检，在这种情形下，接受安检是旅客、托运人应负的法定义务，是旅客、托运人享受航空运输服务之前必须先行履行的义务。只有履行了这一义务，承运人才能提供相应的航空运输服务，拒负此义务承运人或其代理人便可行使先履行抗辩权，以保证空防安全为由拒绝旅客登机，拒绝收运旅客、托运人托运的行李和货物。比较特殊和典型的例子是航班延误后航空运输合同当事人间先履行抗辩权的行使。由于承运人自身原因造成的始发地航班延误和取消，或无论何种原因在经停地航班取消或延误，也就是出现瑕疵履行和不能履行的情形，承运人应当先履行向旅客提供食宿、转机、机票签退等服务的强制性义务，旅客才能承担承运人继续履行或变更履行合同的后果。但是在实际上承运人尽最大努力履行了自己应该先行履行的义务后，还会出现旅客"不买账"的行为，在不知不觉中自觉适用《合同法》第六十七条，行使先履行抗辩权，认为承运人违约在先，拒绝接受承运人的食宿、转机、机票签退等安排，这是一种行使先履行抗辩权不当的行为，不受法律保护。至于一些旅客因航班延误承运人补偿不能满足其要求而霸机不下、强行占机的行为，已超出行使先履行抗辩权的合理范围，属于不折不扣的违法行为。而非承运人原因造成始发地航班延误或取消的，承运人只负有协助旅客安排食宿的义务，按照国际惯例费用由旅客自理，此时旅客无权行使先履行抗辩权。

9.6 航空运输合同的变更和解除

9.6.1 航空运输合同的变更

航空运输合同的变更，不包括合同的转让。因为航空运输合同是记名合同，体现在运输凭证上实名登载了旅客和托运人的名字，而已由承运人或其代理人开出的运输凭证法律规范明确规定是不能转让的，也就是说航空运输合同排除了转让。

航空客运合同的变更体现在客票的变更上。旅客购票后可以要求改变所乘航班、日期、舱位等级，承运人或其代理人应根据实际可能积极协助办理（双方另有约定的除外）。如果航班取消、提前、延误、航程改变或不能提供原定座位时，承运人应优先安排旅客乘坐后续航班或签转其他承运人的航班。旅客要求更改承运人，应征得原承运人或出票人的同意，并在新承运人航班座位允许的条件下予以签转。

在航空货运中，托运人可以按照有关规定要求变更合同，主要是变更到站和收货人或者运回原发站。对托运人的变更要求，只要是符合条件的，航空承运人都应及时处理，但这种变更要求不得违反国家法律、行政法规和运输规定，否则承运人有权拒绝。同时，托运人变更合同时不得使承运人或其他托运人遭受损失，并应当偿付由此产生的费用。对托运人的指示不能执行的，承运人应当立即通知托运人，并说明不能执行的理由。承运人按照托运人的指示处理货物，没有要求托运人出示其所收执的航空货运单，给该航空货运单的合法持有人造成损失的，承运人应当承担责任，但是不妨碍承运人向托运人追偿。

9.6.2 航空运输合同的解除

航空运输合同的解除属于约定解除，其权利、义务向后消灭，不溯及既往。

解除航空客运合同体现在客票的退票上，退票应当遵守有关规定。

航空货物运输合同的解除是指托运人或者航空承运人认为继续运输已经没有必要或者已不可能的，托运人与承运人可以协商解除。

9.7 承运人的责任

我国的《民用航空法》第九章第三节规定了承运人的责任制度（共有 13 条条款），主要规定了承运人对旅客人身伤亡、行李或者货物的毁灭、遗失、损坏的严格责任制和承运人对旅客行李或者货物延误造成损失的过失推定责任制。

9.7.1 对旅客人身伤亡的责任

承运人对因发生在民用航空器上或者在旅客上、下民用航空器过程中的事件造成的旅客人身伤亡承担责任。

1. 承运人承担民事责任的对象

承运人承担民事责任的对象是旅客，即与承运人签订了航空运输合同而被运送的人，而不是旅客之外的其他人，如机组人员、保安人员、偷渡人员等。通常情况下，旅客即是航空运输客票的持票人。

2. 承运人承担民事责任的范围

承运人承担民事责任的范围仅限于旅客的人身伤亡，即旅客的死亡或者肉体上的伤害，而不包括旅客精神上的痛苦，也不包括因旅客的死亡或受伤给他人造成的精神痛苦。

对完全是由于旅客本人的健康状况（即旅客的疾病）造成的旅客的人身伤亡，承运人不承担责任。这一规定的立足点和出发点是承运人只对因与航空风险有关的事件造成的旅客人身伤亡承担责任。

对部分由旅客本人的健康状况造成的旅客的人身伤亡，承运人应当承担责任。这里的默示含意是旅客的人身伤亡不完全（即部分）是由于旅客本人的健康状况造成的，承运人应当承担责任。

3. 承运人承担民事责任的前提

承运人承担民事责任的前提是旅客的人身伤亡是因发生在民用航空器上或者在旅客上、下民用航空器过程中的事件造成的，即发生在民用航空器上或者发生在旅客上、下民用航空器过程中的事件与旅客的人身伤亡应存在因果联系。

这里所称的事件是指发生于民用航空器上或者发生在旅客上、下民用航空器过程中，与航空运输操作或者航空运输服务有关的，造成旅客人身伤亡的任何事件，既包括航空运输过程中发生的航空事故，也包括航空运输过程中发生的尚未构成事故的航空事件，还包括在民用航空器上或者在旅客上、下民用航空器的过程中发生的与航空运输风险有关的事件。

承运人仅对因与飞行有关的事件造成的旅客的人身伤亡承担责任。如果承运人证明造成旅客人身伤亡的事件与飞行无关，即与航空运输操作或航空运输服务无关，承运人就不承担责任。一般来说，劫机和破坏民用航空器都被认为是与航空运输操作和服务无关的事件。

4. 承运人的责任期间

承运人的责任期间是"在民用航空器上或者在旅客上、下民用航空器的过程中"。承运人仅对因发生在该期间的事件所造成的旅客人身伤亡承担责任；因发生在该期间以外的事件造成的旅客人身伤亡，承运人不承担责任。

（1）旅客在民用航空器上的全部期间

旅客在民用航空器上的全部期间为承运人的责任期间的主要构成部分。承运人的责任期间是以是否存在航空风险为标准来确定的。旅客登机后直至其下了飞机，一般来说，该航空器即处于飞行中，旅客即面临着各种各样的与航空活动有关的风险。

（2）旅客的登机过程

旅客的登机过程是承运人责任期间的一个组成部分。登机过程，即旅客"上民用航空器的过程"，是指旅客办理登机手续后至进入民用航空器之前因登机活动而处于承运人照管之下的期间。

判断旅客是否在"上民用航空器的过程中",应同时着眼于以下 4 个因素:从时间上看,登机过程是旅客已经办理登机手续但尚未进入民用航空器的一段时间;从旅客所从事的活动看,旅客正在进行登机活动;从旅客与承运人的关系看,旅客正处于承运人的照管之下;从旅客所处的地点看,旅客正处于登机区域,即从候机地点到民用航空器的地段,一般包括运输区域(飞机运行区域)、停机坪和飞机的停放地点。

(3)旅客的下机过程

旅客的下机过程,即"下民用航空器的过程",也是承运人责任期间的组成部分。下机过程是指旅客走出民用航空器后至到达民用机场建筑的安全地带前因下机活动而处于承运人照管之下的期间。

判断旅客是否在"下民用航空器的过程中",也应同时着眼于以下 4 个因素:从时间上看,下机过程是指旅客从飞机上下来走进机场建筑安全地带的一段时间;从旅客所从事的活动看,旅客正在进行下机活动;从旅客与承运人的关系看,旅客正处于承运人的照管之下;从旅客所处的地点看,旅客处于下机区域,即从民用航空器到机场建筑安全地带的地段。一般来讲,下机区域也是指飞机的运行区域、停机坪或飞机的停放地点。

而下列期间不属于"下民用航空器过程中"的阶段:旅客结束下机后发现将手提行李遗忘在民用航空器上而返回到民用航空器上寻取行李的过程;旅客自候机楼走廊走向中转手续办理点的途中;旅客办理海关、边防手续后等候提取行李的过程中;旅客到达机场建筑某一安全地带后,自该安全地带到托运行李提取处的途中。

9.7.2 货物、行李的毁灭、遗失和损坏

毁灭、遗失和损坏是行李、随身携带物品和货物毁灭、遗失和损坏的 3 种情况。毁灭是指行李、随身携带物品和货物在物理上全部消灭,还包括行李、随身携带物品和货物原有属性的全部或部分改变,且这种改变使得行李、随身携带物品和货物原有性质已全部或基本丧失。遗失是指行李、随身携带物品和货物因被盗、被抢或错误交付给其他人等原因丢失,并未在物理上灭失。毁灭和遗失的结果导致行李、随身携带物品和货物全部丧失了经济价值和功能,具有相同的索赔权利,因此被合称为灭失。损坏是指行李、随身携带物品和货物虽然受到毁坏,但仍保留了原有基本属性和功能,经修补后可完全恢复其原有功能和基本价值。《民用航空法》第一百二十五条规定对旅客托运的行李、随身携带物品或货物毁灭、遗失或损坏的,承运人应当承担责任,并对航空运输期间做了明确界定。

1. 承运人承担民事责任的对象

承运人承担民事责任的对象是航空运输合同的其余当事人,行李、随身携带物品和货物发生灭失、损坏时,承运人应当对这些航空运输合同当事人承担责任。机组人员、保安人员及其他使用了航空运输服务的非运输合同当事人(如偷渡者)与承运人没有运输合同关系,承运人对其物品损失不承担责任。

2．承运人承担民事责任的范围

承运人承担民事责任的范围是旅客、托运人、收货人因行李、随身携带物品和货物灭失、损坏所遭受的损失，仅指直接损失，不包括间接损失。如要赔偿间接损失，旅客、托运人必须事先声明，并与承运人订立特别协议。

3．承运人承担民事责任的前提

承运人承担民事责任的前提是行李、随身携带物品和货物的灭失、损坏是由发生在航空运输中的事件造成的，即事件与灭失、损坏有因果关系。

4．承运人的责任期间

行李、随身携带物品和货物的灭失、损坏是发生在承运人责任期间，即航空运输期间，具体指在机场内、民用航空器上或者机场外降落的任何地点，行李、货物处于承运人掌管之下的全部期间。如果机场外的陆路运输、海上运输和内河运输是为了履行航空运输合同，在此种陆路运输、海上运输和内河运输过程中发生的损失将被推定为在航空运输期间发生的损失，除非有相反证据证明此种推定不成立。

在国际航空运输中，如托运行李、货物的灭失、损坏符合上述要件，承运人就应按已参加的公约或协议规定的归责原则承担相应的后果。

9.7.3　航班延误

"延误"，是指承运人未能按照运输合同约定的时间（或在合理的时间内）将旅客、行李或者货物运抵目的地点。从国际航空司法实践看，航班的撤销也做延误处理。

承运人只在因延误造成损失时才承担责任，如果延误没有造成任何损失，承运人就不承担责任。因延误造成的损失是指因延误而给旅客或者托运人、收货人造成的实际经济损失，不包括因延误给旅客或托运人造成的精神损失。

我国的《民用航空法》对"延误"及其构成要素并没做出明确的界定。不是不想界定，而是实在难以界定。我国如此，国际上亦是如此，所有关于民用航空的国际公约都没有对"延误"做出明确、统一的界定。因为航空运输不同于铁路或公路运输，由于其潜在的风险性，不能完全保证按照公布的航班时刻起飞。

《民用航空法》第一百二十六条明确规定，承运人应当对因延误造成的损失承担责任。但《民用航空法》并未对航空公司如何承担航班延误的责任做出规定。这就使得其可操作性不强，操作的后果也很难让各方满意。而中国民航总局于 2004 年 7 月出台的《航班延误经济补偿指导意见》不是法规，而是一种行政手段，其落实要靠航空公司的自愿行为。中国民航局不能强制要求各航空公司执行，也不能因为各航空公司没有执行而进行处罚。

航班延误后，根据我国现行法律，承运人应当履行告知义务、补救义务和损害赔偿义务，并以继续履行航空运输合同、采取补救措施和赔偿损失的方式承担延误责任。

目前，我国航空公司的通常做法是，承担旅客因航班延误造成的食宿费用、转机增加的费用、退票费用等。有些航空公司在一定的情况下给予旅客一定的补偿。确有其他损失的，在旅客取证属实后承担赔偿责任。相对应的是，知情权、选择权、索赔权这 3 项基本权利对旅客而言非常重要，在航班延误时间较长或取消时，旅客可以选择改乘其他航班或退票，理智对待延误，合法进行维权。

9.7.4　承运人的免责问题

我国的《民用航空法》明确规定了旅客、行李、货物运输中承运人的免责问题。在旅客、行李运输中，损失如果完全是由于索赔人的过错造成的，应当免除承运人的责任；损失如果是由于索赔人的过错促成的，应当根据促成此种损失的程度，相应减轻承运人的责任。旅客在航空运输责任期间出现伤亡，如果完全是由于旅客本身过错造成的，应当免除承运人责任；如果是由旅客本人的过错促成的，应当根据过错的程度相应减轻承运人的责任。其中，索赔人是指旅客及其代理人、继承人，过错是指索赔人的故意或过失的作为或不作为。在货物运输中，损失如果完全是由于索赔人或者代行权利人的过错造成的，应当免除承运人的责任。损失如果是由于索赔人或者代行权利人的过错促成的，应当根据双方过错程度分摊责任；其中，索赔人是指托运人、收货人或其代理人、受雇人；代行权利人是指航空货运单指定的收货人以外的代替托运人或收货人行使诉讼权利的人。承运人享受上述免除或者减轻责任的前提是履行举证责任，证明损失是由索赔人或者代行权利人的过错造成或者促成的。承运人如果不能证明索赔人或代行权利人有过错，或者不能证明索赔人或者代行权利人的过错与损失之间存在因果联系，或者甚至不能举出损失发生的原因，均应承担责任。

值得注意的是，承运人如企图在航空运输合同中通过合同条款免除承运人的法定责任或降低法定的赔偿责任限额，这种条款被法律认为是无效的，但不影响航空运输合同的有效性。

9.7.5　承运人的赔偿责任限额

承运人责任限制制度，是指发生重大航空事故时，作为责任人的承运人（一般情况下即航空公司）可以根据法律的规定，将自己的赔偿责任限制在一定范围内进行赔偿的法律制度。我国的《民用航空法》关于航空承运人责任限制制度的规定是对民法中一般民事损害赔偿原则，即按实际损失赔偿的原则做出的特殊规定。规定这一制度的目的在于促进航空运输业和航空保险业的发展，公平维护航空运输合同各方当事人的合法权益。当航空运输过程中发生的旅客人身伤亡、行李货物的灭失、损坏的损失数额没有超出法定责任限额时，承运人应当按实际损失赔偿旅客或者托运人（或收货人）；当损失数额超过法定责任限额时，承运人仅仅在法定责任限额内承担赔偿责任，对法定限额以外的损失数额不予赔偿。

自 2006 年 3 月 28 日起正式施行的《国内航空运输承运人赔偿责任限额规定》适用于我国国内民用航空运输中发生的损害赔偿，除《民用航空法》另有规定外，承运人在下列赔偿责任限额内按照实际损害承担赔偿责任：对每名旅客的赔偿责任限额为人民币 40 万元；对每名旅客随身携带的物品的赔偿责任限额为人民币 3000 元；对旅客托运的行李和运输的货物的赔偿责任限额，为每千克人民币 100 元。

阅读材料

中国民航局政策法规司负责人

就《国内航空运输承运人赔偿责任限额规定》答记者问（节选）

问：新《规定》对原《暂行规定》做了哪些修改？

答：新《规定》是对于 1989 年发布、于 1993 年修订的《国内航空运输旅客身体损害赔偿暂行规定》的修改和发展，主要表现在 3 个方面，一是扩大了适用范围。原《暂行规定》只适用于国内航空运输过程中发生的旅客身体损害赔偿，新《规定》除规定了旅客身体损害赔偿责任限额外，还规定了旅客随身携带物品、托运行李和运输货物的赔偿责任限额。二是提高了赔偿责任限额。新《规定》将承运人对每名旅客的赔偿责任限额从原《暂行规定》的 7 万元提高到了 40 万元人民币。三是确定了赔偿责任限额的及时调整机制。新《规定》第四条明确"本规定第三条所确定的赔偿责任的调整，由国务院民用航空主管部门制定，报国务院批准后公布施行"。这条规定为我们今后紧跟经济发展、适时调整赔偿限额提供了法律依据，增添了新《规定》的生命力。

问：外国籍旅客乘坐国内航班，和中国人乘坐国内航班赔偿标准是否相同？

答：按照我国批准的国际民用航空条约和现行法律、法规，对于航空运输中的赔偿问题是以运输性质属于国际航空运输还是国内航空运输来划分的。在我国国内航空运输中，承运人对于旅客的赔偿责任，无论旅客的国籍是外国籍还是本国国籍，均按我国的有关规定办理，赔偿标准在法律上是相同的。在具体理赔中，航空公司可能考虑对收入高的一部分外国旅客给予适当补偿，这是航空公司的权力。

问：新《规定》实施前的空难或实施前发生的各种国内航空运输中的损害赔偿，还没有赔付的，是否按新《规定》执行？

答：新《规定》的施行日期是 2006 年 3 月 28 日，也就是说，自新《规定》施行之日起发生的空难赔偿或对旅客、货主的各种损害赔偿，适用新《规定》。新《规定》施行之前的空难赔偿或各种国内航空运输中的损害赔偿，按照法不溯及既往的原则，则不按照新《规定》执行，而是按照原《暂行规定》执行。

问：怎样理解新规定中"旅客自行向保险公司投保航空旅客人身意外险的，此项保险金额的给付，不免除或者减少承运人应当承担的赔偿责任"？

答："旅客自行向保险公司投保航空旅客人身意外险的赔付不得减免承运人应当承担的赔偿责任"是指，旅客自行向保险公司投保了航空旅客人身意外保险，并在发生保险合同约定的意外后从保险人处获得了赔偿，这种赔偿属于旅客和保险人之间的保险法律关系，不能因此免除或减少承运人应当承担的赔偿责任，航空承运人仍应按照本《规定》在责任限额内按照实际损失承担相应的赔偿责任。

问：旅客托运行李，在行李搬运、传送带传送时损坏或丢失，旅客是找航空承运人、机场还是地面服务公司要求赔偿？

答：我国《民用航空法》第一百二十五条规定，因发生在航空运输期间的事件，造成旅客的托运行李毁灭、遗失或者损坏的，承运人应当承担责任。所谓航空运输期间，是指在机场内、民用航空器上或者机场外降落的任何地点，托运行李、货物处于承运人掌管之下的全部期间。对于旅客托运行李在搬运、传送带传送时损坏或丢失，如果该托运行李处于承运人的掌管之下，承运人应当在新《规定》的责任限额内承担赔偿责任。有些航空承运人委托机场或者其他地面服务公司代理地面服务，如果造成旅客托运行李在搬运、传送带传送中的损失是代理公司的责任，航空承运人在向旅客赔偿后有权向代理公司索赔。

问：航空器发生事故，给乘机旅客造成精神损失，是否应赔偿？

答：本《规定》是关于航空承运人对于旅客、货主在国内航空运输过程中遭受身体、行李、货物损害时在赔偿责任限额内按照实际损害承担赔偿责任的规定。对于航空器事故给乘机旅客造成的精神损失的赔偿问题，则按照我国民事法律的其他有关规定办理。

问：为什么国内航空运输承运人赔偿责任限额与国际航空运输承运人赔偿责任限额不同？

答：1999年《蒙特利尔公约》规定了国际航空运输承运人对旅客伤亡的双梯度责任制度。在第一梯度下，无论承运人是否有过错，都要对旅客的死亡或者身体伤害承担以100 000特别提款权（在本公约签署当日，1特别提款权合人民币11.163 10元）为限额的赔偿责任。这个规定表明，在国际航空运输中承运人对于旅客伤亡的赔偿责任限额高于国内航空运输中承运人对于旅客伤亡的赔偿责任限额40万元的水平。

刚才已经说到，40万元限额的确定主要考虑了以下因素：我国目前的人均收入水平和经济发展水平仍较低，航空公司的承受能力仍有限；必须兼顾国家、企业、公民三者利益；航空运输损害应与我国其他有关损害赔偿限额规定相协调，与世界各国国内航空损害赔偿相协调。这是新《规定》确定40万元的原因，也是二者不同的原因。

国内航空运输损害赔偿限额低于1999年《蒙特利尔公约》的规定，还因为乘坐国际航班旅客的平均收入水平一般高于国内航班旅客，旅客乘坐国际航班的购票付出高于乘坐国内航班的付出。

问：随着物价上涨、人民收入和生活水平提高等因素，40万元的责任限额在几年后还可能存在滞后的问题，怎么办？

答：正是考虑了上述因素，《规定》在提高赔偿限额的同时，还在第四条规定"本规定第三条所确定的赔偿责任的调整，由国务院民用航空主管部门制定，报国务院批准后公布施行"。按照这条规定，我们可以在今后紧跟经济发展，适时调整限额。

问：旅客、货主在航空运输中遭受损失，与承运人讨论实际损失和赔偿数额，双方达不成一致意见，怎么办？

答：按照本《规定》，承运人是按旅客、货主的实际损失进行赔偿，并且旅客身体损害赔偿最多不超过40万元，随身携带物品损害赔偿最多不超过3000元，托运行李、提交货物运输损害赔偿最多不超过每千克100元。因此，在发生损失讨论赔偿时，旅客、货主与承运人经常在实际损失和赔偿数额两个问题上反复讨论协商，这是非常正常的。旅客、货主与承运人应该借助于医疗机构的诊断、托运行李的重量等记录、提交货物运输的重量及种类清单，以求得意见的统一。如果实在达不成一致意见，则只有起诉至法院，由法院判决。在我国法制不断完善的情况下，我们应该相信法院的判决是公正的。

（资料来源：http://www.gov.cn/zwhd/2006-02/28/content-213268.htm）

【引发思考】

为什么要制定《国内航空运输承运人赔偿责任额规定》？

案例分析

谢某诉中国国际航空公司人身伤害赔偿纠纷案

原告：谢某

被告：中国国际航空公司

审理法院：北京市朝阳区人民法院

审理时间：2000年

1. 案情

原告谢某诉称：1999年11月10日，我因公出差乘坐被告中国国际航空公司（以下简称国航）CA1621航班前往哈尔滨采访。在飞行途中，乘务员将回收的乘客用完餐的餐具扣在了我的脸上，污物污染了我的衣服和身体，造成我身体不适，皮肤过敏，在协商此事的过程中，乘务人员对我态度恶劣，拒不道歉，对我的身心造成了伤害，所在单位被迫取消了此次工作，故起诉要求国航在报纸上公开赔礼道歉，赔偿经济损失3607元（其中，往返机票及机场建设费1590元、住宿费980元、购衣费950元、交通费87元）及精神损失费9059元。

被告国航辩称：由于乘务员不小心将回收的餐盘滑落，污物洒到谢某身上。事发后，乘务员及时用小毛巾为谢某清理污物，并且乘务员、乘务长、机长等均向谢某进行了赔礼道歉，并提出了具体的协商办法，但谢某就是不同意，现谢某所提要求没有依据，故不同意其所提要求。

法院审理查明：1999年11月10日，谢某因公出差，乘坐国航CA1621航班前往哈尔滨采访。在飞行途中，乘务员不慎将回收的餐盘滑落，污物洒到谢某身上。事发后乘务员用小毛巾为谢某清理污物，并向谢某赔礼道歉。后双方就此事未能协商取得一致意见。谢某到哈尔滨后到749医院进行了检查，医院诊断为：接触性皮炎，休3天。谢某所在单位取消了此次采访，谢某后用580元和370元购买了衬衣和衣服，住宿费共980元。本案在审理过程中，国航向谢某表示了歉意。以上事实有双方当事人的陈述，国航提交的乘客李某、刘某的证明材料，哈尔滨749医院的诊断证明，谢某提交的购衣发票、住宿费发票、机票及新华通讯社北京新闻信息中心的证明等在案佐证。

2. 法院审理与判决

朝阳区人民法院经审理后认为：国航作为运营单位，应当安全地将乘客运达目的地。但由于国航乘务员不慎将污物洒在乘客身上，给谢某造成了一定的侵害，对此国航应对谢某的损失的合理部分给予赔偿。事发后，乘务员已向谢某进行了赔礼道歉，在庭审中，国航又向谢某表示了歉意，其态度是诚恳的，谢某应予以谅解，现谢某仍坚持要求国航在报纸上公开赔礼道歉，其要求本院难以支持。关于谢某要求国航赔偿往返机票及机场建设费1590元、住宿费980元的诉讼请求，由于其没有提供足够证据证明接触性皮炎与所洒污物有直接的因果关系，故所提要求本院不予支持。关于谢某要求赔偿购衣费950元的诉求，根据谢某所穿衣服的价值和衣服的污染程度国航应适当给予赔偿，具体赔偿数额本院酌情予以判处。关于谢某所提要求赔偿的交通费87元及精神损失费9059元没有法律依据，不予支持。综上，依照《民法通则》第一百三十一条之规定，判决如下：①中国国际航空公司于判决生效后7日内赔偿谢某经济损失500元；②驳回谢某的其他诉讼请求。

（资料来源：http://www.66law.cn/domainblog/27506.aspx）

【引发思考】

原告谢某的诉讼请求合理么？为什么？

阅读材料

托运皮箱被撬财物丢失，航空公司论斤赔偿

2011 年 7 月 10 日 13 时左右，和同事到云南旅游的徐先生乘坐南方航空 CZ3432 航班抵达海口。在美兰机场，他领取托运的行李时发现皮箱被撬，密码锁不见了。经检查皮箱内一条名贵香烟、一个望远镜、3 个玉石手镯等物品被盗。令徐先生气愤的是，今年 3 月他乘坐南航航班从郑州返回海口，托运的行李箱被撬，这把锁头正是当时南航海南分公司赔付的。

徐先生介绍，2011 年春节后，他从郑州返回海口，没想到在美兰机场取行李时，发现托运的行李箱被撬坏，锁头也不见了，皮箱内价值两万多元的望远镜、一个全自动照相机、4 条香烟被盗。他到美兰机场内南航海南分公司的柜台投诉，经称重量，皮箱轻了不到一千克。南航海南分公司工作人员进行登记，赔给他一把密码锁，并告知按照中国民航局的规定，托运的物品丢失，按照每千克 100 元的标准赔偿。徐先生收到了对方赔付的 100 元。

2011 年 7 月 10 日，徐先生在两名同事陪同下，到美兰机场内南航海南分公司柜台投诉，没想到接待他的还是第一次被盗时曾接待过他的南航工作人员符小姐。符小姐证实徐先生 3 月曾到柜台投诉托运的包裹被盗一事。

这次徐先生和单位同事一起出门旅游，托运的行李是一起称重的，同事大部分已离开机场，没办法称重，同事廖先生等人证实了徐先生丢失物品的情况。廖先生称，大家在一起旅游购物，谁买了什么大家都知道，这不是秘密。后来该公司的王小姐出来处理此事。她让符小姐登记了《行李运输事故记录》，徐先生填写了相关材料。对于赔偿问题，王小姐称，按规定还是每千克赔偿 100 元，并配一把锁头，随后给了徐先生一把密码锁。至于其他赔偿问题，王小姐让徐先生回去等通知。

2011 年 7 月 11 日下午，记者与南航海南分公司取得联系。工作人员李小姐称，11 日中午她已与徐先生联系，因徐先生对物品丢失只能按每千克赔偿 100 元的做法不满，她已向领导汇报，两三天内将给予答复。李小姐称，南航海南分公司赔偿给客人的密码锁是成批购买的，密码锁是有点不结实，并承诺可给徐先生买一把结实的。

（资料来源：http://news.xinhuanet.com/air/2011-07/12/c-121655378.htm）

【引发思考】

托运的物品丢失按照每公斤 100 元的标准赔偿的法律依据是什么？

航班晚点，消费者起诉航空公司并索赔

消费者安先生购买了中国国际航空公司（以下简称国航公司）和美国达美航空公司（以下简称达美公司）的联程机票，由于国航航班晚点引起连锁反应，安先生将国航公司和达美公司起诉至法院索赔。12月14日，北京市顺义区人民法院一审判令国航公司赔偿因航班延误给安先生造成的机票款损失2000余元，驳回了其商业机会损失等诉讼请求。

1. 诉讼案由

安先生诉称，他购买了国航公司和达美公司自北京中转美国纽约至劳德代尔堡的联程机票。航班原定于2009年11月3日下午13时30分抵达纽约，由于国航航班晚点90分钟，导致他没有赶上达美公司当天下午15时50分的航班去劳德代尔堡。在此情况下，安先生购买了另一家航空公司当天下午去劳德代尔堡的机票。2009年11月5日，安先生从劳德代尔堡返回纽约，到原定有联程机票的达美公司设在机场的柜台办理登机手续时，被工作人员告知，由于他11月3日没有乘坐该公司的航班到达劳德代尔堡，故取消了其回程的航班座位。安先生不得不临时寻找其他航班。由于临时搭乘的航班较晚，安先生耽误了在纽约与客户的会谈，损失了与客户合作的机会。

安先生认为，因航班晚点引发的连锁反应造成自己包括机票损失、商业机会损失等各项损失，故于2010年8月将国航公司和达美公司起诉至北京市顺义区人民法院索赔，包括机票款5000元、商业机会损失赔偿10万元等。

2. 法院判决

法院审理后认为，安先生于2009年11月3日乘坐国航公司航班发生延误，未能如期搭乘当天下午15时50分达美公司的航班，国航公司对此应承担违约责任，赔偿该违约行为所发生之费用，即安先生自行购买其他航班的费用。根据达美公司网站所告知规则，无论何种原因导致安先生未能如约乘坐预订航班，安先生有义务通知达美公司，否则达美公司可以取消其回程机票。故达美公司辩称因安先生未履行通知义务而取消其回程机票，符合约定及国际惯例，法院予以采信。安先生要求国航公司、达美公司赔偿商业机会损失，因无法律、证据支持，法院不予支持。据此，法院做出上述一审判决。

安先生与国航公司对此判决不服，目前，均已提起上诉。

3. 提醒：乘客应留意航空公司的约定

北京市顺义区人民法院主审法官表示，安先生购买国航公司、达美公司的联程机票，双方之间即建立航空旅客运输合同关系。根据国际公约及《民用航空法》的规定，国航公司、达美公司分别就各自运输区段承担合同义务。由于航班晚点主要是在国航公司运输区段发生的，国航公司理应承担违约责任，故一审判令国航公司赔偿安先生机票款损失2000余元。达美公司在安先生该段航程中没有违约行为，安先生要求达美

公司就此承担连带责任，无事实及法律依据，法院不予支持。

根据国际公约，达美公司称因安先生未履行通知义务而取消其回程机票的说法符合约定。安先生未能按照约定告知达美公司其自行选择其他航班飞行，导致达美公司取消其回程机票，对此，安先生应自行承担责任。

（资料来源：http://www.ccn.com.cn/news/yianshuofa/2011/123/340827.html）

【引发思考】

为什么法院会采信达美公司的辩称？达美公司的辩称符合约定及国际惯例么？为什么？

本 章 小 结

从引入航空运输的概念入手，本章较为全面地阐述了我国的运输合同法律体系、航空运输合同的概念及其特征、航空运输合同的构成要素、航空运输凭证的法律意义、承运人的责任等内容，是航空运输合同的基本概念和相关法律规定，详略有度，力求使学生能够通过本章的学习较为系统地掌握航空运输合同的基本知识和基本理论。

本章重点：航空运输合同的概念及其特征、承运人的责任的基本知识和基本理论。

本章难点：航空运输凭证的法律意义、承运人责任的基本知识和基本理论。

思考与练习

1．简述航空运输合同的概念和主要特征。
2．简述航空运输合同的构成。
3．如何理解《华沙公约》意义上的"国际航空运输"？
4．试论航空运输凭证的法律意义。
5．如何判断旅客是否在"下民用航空器的过程中"？
6．谈谈你对承运人免责问题的看法。

第 **10** 章　危害民航安全的犯罪与刑罚

知识目标

- 掌握《民用航空法》和《刑法》中航空犯罪类型的相关规定。
- 理解有关各类航空犯罪的主要特征。

能力目标

- 能增强责任心,自觉遵守操作规程,严格执行工作规章制度,有效预防航空刑事案件的发生。
- 会自觉规范服务程序,掌握治安防范主动权,对各种航空违法、犯罪行为采取积极、正确的应对策略。
- 学会运用"不引渡即起诉"原则,具体分析航空犯罪的刑事司法程序问题。

随着航空科技的进步与民用航空运输的蓬勃发展,航空运输领域的刑事犯罪急剧增加,严重威胁着国际社会的稳定、国际民用航空事业的发展及公民人身和财产的安全。当航空器做国际或国外飞行时,机上发生的刑事犯罪、危及航行安全和机上正常秩序的行为,由谁来管辖,即管辖权等问题的解决已迫在眉睫,最终导致了国际立法,这就是 3 个著名国际反劫机公约:1963 年《东京公约》、1970 年《海牙公约》和 1971 年《蒙特利尔公约》。我国民航业正处于大发展时期,航空犯罪的趋重和蔓延,必然要求制定完备的法律法规,以打击、惩治这些行为。

全国人大常委会在 1992 年专门通过了《关于惩治劫持航空器犯罪分子的决定》,对依法严惩劫持航空器的犯罪活动提供了有力的法律保障。1997 年修订的《刑法》,在"危害公共安全罪"一章中规定了危害和非法干扰民用航空活动的行为,为制裁此类犯罪提供了法律依据。

10.1　我国民航法的相关规定

民航业的刑事犯罪形式主要有三大类：一是危害航空安全和秩序的犯罪行为；二是执法者（民航主管机关工作人员）严重执法犯法行为；三是从事民航活动的主体（经营者和航空人员）在民用航空活动中严重违反规章制度，危及公共安全的行为。

1995 年，第八届全国人大常委会第十六次会议通过了《民用航空法》，在第十五章"法律责任"中，具体地规定了危害民航运输安全的行为方式，并对这些行为的刑事责任做了明确的规定。

10.1.1　劫持航空器罪

劫持航空器罪是指行为人以暴力相威胁或者其他恐吓方式，非法劫持或者控制飞行中的民用航空器的行为。我国《刑法》第一百二十一条规定，以暴力、胁迫或者其他方法劫持航空器的，处 10 年以上有期徒刑或者无期徒刑；致人重伤、死亡或者使航空器遭受严重破坏的，处死刑。

本罪的主要特征：犯罪主体为一般主体，既可以由中国人构成，也可以由外国人或者无国籍人构成，也就是处在飞行中的航空器内的任何人；主观方面是直接故意，即明知是劫持航空器的行为会引起危害民用航空安全的严重后果，仍不顾后果积极施行，无论行为人出于什么目的、动机劫持航空器，都不影响本罪的成立。

10.1.2　暴力危及飞行安全罪

暴力危及飞行安全罪指对飞行中的民用航空器上的人员使用暴力，危及飞行安全的行为。我国《刑法》第一百二十三条规定，对飞行中的航空器上的人员使用暴力，危及飞行安全，尚未造成严重后果的，处 5 年以下有期徒刑或者拘役；造成严重后果的，处 5 年以上有期徒刑。其主要特征：主观方面是故意；客观方面对飞行中的航空器内的人实施可能危及航空器安全的暴力行为；犯罪主体为一般主体；犯罪者只要危及飞行安全，无论后果如何，即构成本罪。

10.1.3　破坏航空器罪

破坏航空器罪指故意在使用中的民用航空器上放置或唆使他人放置危险品，足以毁坏该民用航空器、危及飞行安全的行为。《刑法》第一百一十六条规定，破坏航空器，足以使航空器发生倾覆、毁坏危险，尚未造成严重后果的，处 3 年以上 10 年以下有期徒刑。其主要特征：犯罪主体是一般主体；客观方面是在使用中的航空器内放置具有破坏或损坏该航空器而使其无法飞行或危及其飞行安全的行为；主观方面是直接故意。

10.1.4　破坏航空设施罪

破坏航空设施罪指盗窃或者故意损毁、移动航行设施，危及飞行安全，足以使民用航空器发生坠落、毁坏危险的行为。我国《刑法》第一百一十七条规定，破坏机场、航道、灯塔、标志或者进行其他破坏活动，足以使航空器发生倾覆、毁坏危险，尚未造成严重后果的，处 3 年以上 10 年以下有期徒刑。其主要特征：犯罪主体是一般主体；主观方面只能是故意，过失损毁或移动航行设施不构成本罪；客观方面是破坏或损坏航行设备或妨碍其操作，以及危及飞行中的航空器安全的行为，只要危及飞行安全，足以造成上述可能的危险，即构成本罪。

10.1.5　非法携带或运输违禁物品罪

非法携带或运输违禁物品罪是指旅客非法携带违禁物品乘坐航空器或旅客、企事业单位以非危险品名义托运危险品的行为。我国《刑法》第一百三十条规定，非法携带枪支、弹药、管制刀具或者爆炸性、易燃性、放射性、毒害性、腐蚀性物品，进入公共场所或者公共交通工具，危及公共安全，情节严重的，处 3 年以下有期徒刑、拘役或者管制。其主要特征：主观方面是故意；客观方面是违反了《民用航空法》的规定，一般包括 3 种情况，一是隐匿携带炸药、雷管或者其他危险品乘坐民用航空器，二是以非危险品品名托运危险品，三是隐匿携带枪支子弹、管制刀具乘坐民航飞机。

10.1.6　传递虚假情报扰乱正常飞行秩序罪

传递虚假情报扰乱正常飞行秩序罪指故意传递虚假情报，扰乱正常飞行秩序，使公私财产遭受重大损失、造成严重政治影响的行为。我国《刑法》第二百九十一条之一规定，明知是编造的恐怖信息而故意传播，严重扰乱社会秩序的，处 5 年以下有期徒刑、拘役或者管制；造成严重后果的，处 5 年以上有期徒刑。其主要特征：客观方面是传达明知是虚假的情报从而危及飞行中的航空器安全的行为，使公私财产遭受了重大损失；主观方面是故意。

10.1.7　聚众扰乱民用机场秩序罪

聚众扰乱民用机场秩序罪指纠集多人扰乱民用机场正常秩序，致使机场无法运营的行为。《刑法》第二百九十一条规定，聚众扰乱车站、码头、民用航空站、商场、公园、影剧院、展览会、运动场或者其他公共场所秩序，聚众堵塞交通或者破坏交通秩序，抗拒、阻碍国家治安管理工作人员依法执行职务，情节严重的，对首要分子，处 5 年以下有期徒刑、拘役或者管制。其主要特征：聚众闹事，即在首要分子的组织、煽动和指挥下，纠集多人进行扰乱活动；客观方面是扰乱了机场的正常秩序，使运营活动无法继续进行，行为方式一般包括在候机楼喧嚣哄闹、捣毁机场设施、不服从管理、围攻、谩骂甚至殴打有关工作人员等。但是只有当情节严重时才构成该罪；主观方面是故意。

10.1.8　航空人员重大飞行事故罪

航空人员重大飞行事故罪指航空人员玩忽职守，或者违反规章制度，导致发生重大飞行事故的行为。

《民用航空法》第一百九十九条规定，对航空人员重大飞行事故罪分别依照、比照《刑法》第一百八十七条或者第一百一十四条的规定追究刑事责任。其主要特征：犯罪主体是特殊主体——航空人员，包括空勤人员和地面人员；侵犯的客体是民用航空器的飞行安全；客观上发生了重大飞行事故，造成航空器损毁、人员伤亡，后果严重；主观上是过失犯罪，即行为人对自己的行为导致严重后果是由于疏忽大意，或过于自信。

10.1.9　违反危险品航空运输规定重大事故罪

违反危险品航空运输规定重大事故罪是指公共航空运输业违反规定运输危险品，发生重大事故的行为。该罪的犯罪主体为特殊主体，即公共航空运输业这一企业法人。该罪为过失犯罪。

《民用航空法》第一百九十四条规定，公共航空运输企业违反本法第一百零一条的规定运输危险品的，由国务院民用航空主管部门没收违法所得，可以并处违法所得一倍以下的罚款；导致发生重大事故的，没收违法所得，判处罚金，并对直接负责的主管人员和其他直接责任人员依照《刑法》第一百一十五条的规定追究刑事责任。

10.1.10　民航主管机关工作人员渎职罪

民航主管机关工作人员渎职罪是指国务院民用航空主管部门和地区民用航空管理机构的工作人员，玩忽职守、滥用职权、彻私舞弊、不履行应有的职责、给国家和人民利益造成重大损失的行为。

该罪的主要特征：侵犯的客体是国家行政机关的正常活动；犯罪主体为特殊主体，即民航主管部门和地区民航管理机构的工作人员公务人员；主观方面多数为故意，有的情况也可能是过失犯罪。

10.1.11　其他民用航空违法行为的处理

除民用航空犯罪行为外，我国《民用航空法》还规定了对其他民用航空违法行为的处理。这些违法行为包括其他手段的非法干扰行为，如采用匿名电话、匿名信、电子邮件、故意传递虚假情报、口头威胁等方式对机场、航空公司进行威胁恐吓，声称或暗示机场、飞机、航空设施或人员等处在爆炸物的危险之中，或声称、暗示某飞机处于被劫持等非法干扰行为之中的行为；在飞行中的航空器上吸烟、使用电子设备；谎称有爆炸物；偷盗或损坏机上救生设备；扰乱机上秩序；打架斗殴、酗酒滋事、性骚扰等；未经有关部门许可，使用某些频段进行通信，对在空中正常飞行的飞机识别指挥信号、机场交通信号，以及对其发出的紧急信号、遇险信号等形成干扰的行为；违反适航证书管理规定、违反生产或维修许可证书规定、违反经营许可证书管理规定、民用航空器违反空中交通管制规定、航空人员违反专业技术执照和身体合格证书规定、违反民用机场使用许可规定等，而从事生产经营和专业技术活动的其他违法行为。对以上违法行为，民用航空主管部门将对行为人或单位分别处以罚款、没收违法所得、吊销执照、吊销生产或维修许可证、吊销经营许可证的行政处罚，对管理部门的责任人员，还将依法给予行政处分。

另外，2005 年第十届全国人大常委会第十七次会议通过的《中华人民共和国治安管理处罚法》（以下简称《治安管理处罚法》）与《治安管理处罚条例》相比，新增了处罚违反治安管理行为的类型、处罚种类、强制措施等。其中，与民用航空安全有关的集中在第二十三条、二十五条、三十条和三十二条。

为防止对民用航空活动的非法干扰，加强民航安全保卫，并维护民用航空秩序，我国于 1996 年发布了《中华人民共和国民用航空安全保卫条例》（以下简称《民用航空安全保卫条例》），1997 年发布了《民用机场和民用航空器内禁止吸烟的规定》，2004 年发布了《关于维护民用航空秩序保障航班正常运行的通告》，2007 年发布了《关于限制携带液态物品乘坐民航飞机的公告》，2008 年发布了《公共航空旅客运输飞行中安全保卫规则》等，上述法律文件对民用机场、民用航空营运的安全及安全检查做了具体的规定，较全面地保障了民用航空的安全。

10.2 处理有不轨行为的旅客的法律依据

在世界范围内，不轨旅客是航空安全和保安的威胁。不轨旅客是指那些违法的旅客，其行为包括小的事件，如酗酒、骚扰空中乘务员、破坏公物、激怒旅客，到威胁甚至危害他们等严重捣乱行为。

我国对不轨旅客的问题十分重视，强调保护民用航空的安全。除了我国《刑法》和《民用航空法》的相关规定外，为了防止对民用航空活动的非法干扰，维护民用航空秩序，并保障民用航空安全，还先后公布了相应的条例、通告等，对犯有一般违法行为（即违反有关规定，尚未构成犯罪的行为）的个人和单位，依照相关规定追究其法律责任。例如，于 1996 年 7 月 6 日发布了《民用航空安全保卫条例》。该条例已将不轨旅客的行为纳入其调整的范围。

1998 年发布的《中国民用航空总局公安局关于维护民用航空秩序保障航空运输安全的通告》除了重复《民用航空安全保卫条例》第二十五条中的第（二）、（三）项规定之外，明确增加了在航空器内禁止的行为：一是违反规定使用无线通信工具、电子游戏机、便携式激光唱机或者计算机等电子设备；二是航班不正常时，禁止冲击安检现场和登记口、强行登机或占据航空器客舱拒不下机、侮辱和打骂工作人员、打砸和哄抢公共财物等行为。

2004 年，中国民航总局、公安部发布了《关于维护民用航空秩序保障航班正常运行的通告》，又增加了禁止故意编造或者传播劫机、有炸弹、炸机等虚假恐怖信息，制造混乱，扰乱社会秩序的行为；航班延误时，旅客应当以合法手段，通过正常渠道维护自己的合法权益，禁止冲击安检现场、堵塞登机通道等扰乱机场秩序行为，禁止以拒绝下机等方式强占航空器，侮辱、谩骂工作人员，打砸和哄抢公共财物等违法犯罪行为。

2007 年发布了《关于限制携带液态物品乘坐民航飞机的公告》。

2008 年发布了《公共航空旅客运输飞行中安全保卫规则》等。

上述法律文件对民用机场、民用航空营运的安全及安全检查做了具体的规定，较全面地保障了民用航空的安全。

根据我国的法律规定，如果旅客的行为触犯相关的法律规定，公安机关将依法分别给予警告、罚款、拘留的处罚；构成犯罪时，依法依照《刑法》的规定追究刑事责任；给单位或者个人造成财产损失的，依法承担赔偿责任。

10.3 关于非法干扰民用航空安全犯罪的国际条约

随着民用航空运输的蓬勃发展，航空运输领域的国际刑事犯罪急剧增加，严重威胁着国际社会的稳定、国际民用航空事业的发展及公民人身和财产的安全。这些法律问题的解决已迫在眉睫，最终导致了国际立法，这就是 3 个著名国际公约：1963 年 9 月 14 日在东京签订的《关于在航空器内的犯罪和其他某些行为的公约》（即 1963 年《东京公约》）；1970 年 12 月 16 日在海牙签订的《关于制止非法劫持航空器的公约》（即 1970 年《海牙公约》）；1971 年 9 月 23 日在蒙特利尔签订的《关于制止危害民用航空安全的非法行为的公约》（即 1971 年《蒙特利尔公约》）。

以上 3 个公约，被称为航空刑法。

我国于 1978 年加入 1963 年《东京公约》，1980 年加入 1970 年《海牙公约》和 1971 年《蒙特利尔公约》。

我国民航业正处于大发展时期，上述犯罪的趋重和蔓延，必然要求制定完备的法律法规，以打击、惩治这些行为。上述国际条约强调各缔约国应将劫持航空器、危害国际民用航空安全等行为规定为国内法上的犯罪予以惩处。我国已经加入了这些条约，就承担起了惩治条约中所规定的犯罪的义务。我国在保护航空安全的刑法实践中，对劫持航空器和危害国际航空运输安全的行为方式及其刑事责任做了明确的规定。

10.4 刑 事 管 辖

所谓"管辖"，在国内法意义上，是指所据以确定某个或某类案件应由哪个或哪类法院受理的标准，即司法机关受理案件分工；在国际法的意义上，则是指一国受理某些具有涉外因素案件的法律依据。涉外案件的管辖权确定之后，至于由受理该案件的国家的哪一类法院来审理，完全是一国内部的事情，应按该国的国内法及其司法制度来决定。

10.4.1 刑事管辖的基本原则

刑事管辖的基本原则有以下 4 个。

其一，属地管辖原则：国家对领土内的一切人和物具有管辖权。

其二，属人管辖原则：国家不仅对在国内的本国人，而且对在国外的本国人都具有管辖权。我国关于刑事管辖权的规定，实行的是属地原则为主、属人原则为辅的原则。

其三，保护管辖原则：是指外国人在外国针对一国犯罪，侵犯了该国的利益，该国为保护本国的利益行使管辖权。这一原则的实行范围是有限的，一般说来，只有按照该国的法律和犯罪地国法律都构成犯罪并应予以刑罚处罚的，才适用这一原则。

其四，普遍适用管辖原则：指任何一个国家作为国际社会的一员，对某类危害国际社会利益的犯罪，无论犯罪分子的国籍属性，亦无论犯罪地在何处，都有追诉和制裁的义务而行使管辖权。实行普遍适用管辖原则，必须具备两个条件：第一，犯罪具有国际性；第二，各国对该犯罪都有进行追诉的义务。

10.4.2 刑事管辖权

关于非法干扰民用航空安全犯罪的国际条约在管辖权问题上，规定了对危害国际航空安全犯罪的普遍管辖权。各公约采取了并行管辖体系。各公约均规定，不排除依本国法行使的任何刑事管辖权。同时，各公约规定了各自的刑事管辖范围。

因此，对航空犯罪有管辖权的国家有以下 5 类：第一，航空器登记国；第二，航空器降落地国；第三，租来时不带机组的航空器内发生犯罪或者对该航空器的犯罪，承租人的主要营业地国或者其主要居所地国；第四，罪行发生地国；第五，嫌疑犯发现地国。

根据上述有关管辖权的一般法律原则，以及 1963 年《东京公约》、1970 年《海牙公约》、1971 年《蒙特利尔公约》所规定的国际法义务，我国国内法针对非法干扰民用航空安全的犯罪行为规定了十分广泛的管辖权。凡在中国境内（包括在中国船舶或飞机内）犯罪，中国均拥有管辖权；外国人在中国境内犯罪或是外国人在中国境外对中国或中国公民犯罪，中国有条件地拥有管辖权；凡在中国境外的犯罪，虽经外国审判，中国仍有条件地保留管辖权。

10.5　引渡和起诉

引渡是指一国的主管机关应有管辖权的他国主管机关的请求，依据国际法的有关规定，将被指控犯罪或判决有罪而又可引渡的域内之人送交他国进行审判或惩处。

10.5.1 引渡的特征

引渡具有以下 4 个特征。第一，引渡的内容是一国将特定的域内之人送交他国审判或惩处。对引渡的内容和程序予以明确规定。第二，引渡的实质是国家间的刑事司法协助行为。第三，提出引渡请求的国家必须对所请求的事项具有刑事管辖权。当几个国家就同一罪犯提出引渡请求时，除条约有明文规定外，由请求国自由决定优先引渡给谁。第四，引渡的对象是被指控犯罪或已判刑而又可引渡的域内之人。这种人可以是请求国国民或第三国国民。

10.5.2 引渡的法律依据

引渡的法律依据是国际法和国内法的有关规定。关于引渡的实质，既是国家间的刑事司法协助行为，属于国际法调整的范围，要依据国际法的有关规定；引渡又是一国的主权行为，在没有条约规定的情况下，是否引渡完全由一国自行决定，国家没有引渡的义务。因此，许多国家通过国内法对引渡问题予以明确规定。

按照国际实践，下列国家有权请求引渡：犯罪人的国籍国；犯罪行为地国；受害国。

需要注意的是，各公约均没有给缔约国设立引渡的义务。

10.5.3　引渡的原则

引渡的原则有以下 4 项。

1. 双重犯罪原则

双重犯罪原则是指引渡所涉对象的行为，只有依请求国与被请求国的法律，均构成犯罪并应受刑罚处罚时，才能引渡。双重犯罪原则实际上是互相尊重国家主权原则在引渡中的具体体现。要依靠他国的协助，必须尊重他国的主权。而尊重他国主权的具体体现就是尊重他国的法律和公共利益。

2. 政治犯不引渡原则

政治犯不引渡原则是在资产阶级革命时期提出的，随后许多条约和国内法均对这一原则予以肯定。尽管政治犯不引渡原则被普遍接受，但对于何种行为构成政治犯罪通常是由被请求国自由抉择的问题。出于各国衡量政治犯的标准大不相同，一般条约不对政治犯的含义予以规定，而由被请求国自行决定。但有关国际犯罪的国际公约，通常明确规定将国际犯罪行为排除在政治犯罪之外。因此，政治犯不引渡原则一般不适用国际犯罪，也不适用于危害国际民用航空安全罪。

3. 专一原则

专一原则又称同一原则，是指请求国对被引渡的人，只能就引渡请求书中所指控的罪行进行追诉或处罚。因此，凡不在引渡请求书中所列举的犯罪行为，请求国非经被请求国同意，不得对被引渡人进行追诉和处罚。因此，这一原则又被称为引渡与追诉效果一致原则或引渡效果有限原则。专一原则的目的是为了防止请求引渡的国家以引渡为借口，而去迫害被请求国应予保护的人。

4. 本国国民不引渡原则

许多国家在引渡中坚持不引渡本国国民的原则。许多国际条约对这一原则也予以明确规定。坚持这一原则的国家主要是为了维护本国的属人管辖权，也有的国家是担心本国人在请求国处于外国人的地位，会受到不公正的待遇和遇到各种困难。为了防止罪犯因本国国民不引渡的规定而逃避惩罚，许多国际条约规定了"或起诉或引渡"原则，不引渡本国国民的国家应根据条约规定，对罪犯提起公诉。

10.5.4　起诉

起诉是指向人民法院提起诉讼，请求法院通过审判予以司法保护的行为。起诉属于程序法上的问题。在各国国内法上，由于民事诉讼、刑事诉讼及行政诉讼的性质各不相同，因此各种诉讼在程序规定上亦不同。

根据《中华人民共和国刑事诉讼法》的规定，刑事案件分为自诉和公诉两种情况。凡需提起公诉的案件，一律由人民检察院审查决定。

10.5.5　"不引渡即起诉"原则

1970年《海牙公约》和1971年《蒙特利尔公约》的第七条采用了"不引渡即起诉"原则："在其境内发现被指称的罪犯的缔约国，如不将此人引渡，则不论罪行是否在其境内发生，应无例外地将此案件提交其主管当局以便起诉。该当局应按照本国法律，以对待任何严重性质的普通罪行案件的同样方式作出决定。"这一规定为通过国际合作惩治劫机犯开辟了一条通途，为一切善意履行条约义务的缔约国惩治罪犯提供了明确的法律依据。

我国主张"不引渡即起诉"原则的规定。

阅读材料

4名公务员为回家游泳拿飞机救生衣续：被拘10日

为了回家游泳，来自安徽一旅行团中的4名公务员竟将飞机上的救生衣塞进了自己的行李箱。2012年3月7日下午3时，有4名女乘客过安检时引起安检人员的注意，经过反复检测，安检人员怀疑其中藏有飞机上专用的救生衣，结果打开行李一看，果然是飞机上的救生衣。上述4名女乘客因涉嫌违反我国《民用航空法》的规定，被警方处以10天的行政拘留。

记者于3月8日致电厦门机场空防安保大队，工作人员证实3月7日下午确有4名乘客因偷拿飞机上救生衣被移交给机场公安分局执法办案中心。据悉，该4名女乘客是公务员，此次参加单位组织的11人旅游团出来游玩，也是第一次坐飞机。3月3日来厦门时，在飞机上看到这些救生衣，觉得回家游泳可能用得着就顺手"留"了下来。

办案人员发现，4名乘客座位是前后排，拿走救生衣并非事先商量好，应属于不约而同想到的举措。在被边检人员拦下后，上述4名女乘客对偷拿飞机上救生衣涉嫌违法表示吃惊，并表示，不知道"偷拿这个会犯法"。

机场民警表示，飞机上的救生衣属于机上应急设备，是用来预防飞机紧急降到水面时，让旅客保命的。如果每个乘客都"顺手"拿走飞机上的救生衣，很可能顺走的就是一条人命。

记者了解到，《民用航空法》第一百九十七条规定，盗窃或者故意损毁、移动使用中的航行设施，危及飞行安全，足以使民用航空器发生坠落、毁坏危险，尚未造成严重后果的，依照《刑法》第一百零八条的规定追究刑事责任；造成严重后果的，依照《刑法》第一百一十条的规定追究刑事责任。

同时，《治安管理处罚法》第三十四条也规定，盗窃、破坏、擅自移动使用中的航空设施，或者强行进入航空器驾驶舱的，处 10 日以上 15 日以下拘留。

针对乘客喜欢"收集"飞机上的"纪念品"问题，多位业内人士告诉记者，飞机上"丢东西"是常事，不仅救生衣丢，飞机上的毛毯、靠枕、耳机也丢，可谓无奇不有。

2011 年 11 月在广州白云机场，一对度蜜月的新婚夫妇因偷拿飞机上的救生衣不得不提前结束蜜月旅行，并被机场派出所给予行政拘留 5 天的处罚。2011 年 12 月在贵阳机场，一位山东籍男乘客因将上海至贵阳航班上的救生衣偷拿进行李箱，回程在贵阳机场再次安检时被警方拿住，后被处以行政拘留 10 天的处罚。据称，这位乘客因担心飞机出事时没有救生衣可用才下手"顺"了一件救生衣。

据悉，飞机上的救生衣在打开后就基本报废，无法继续使用。即使没有使用，也因离开客舱，必须经过更为严格的测试和检验后才有可能重回客舱。一件救生衣的造价约为 350 ～ 600 元不等。

根据《民用航空法》和航空公司的有关规定，飞机上的应急设备、工具等，如救生衣、氧气瓶、防烟面具等，严禁乘客私自动用。旅客也不得在飞机上使用便携式收音机、移动电话、电子游戏机或包括无线电操纵的玩具和对讲机在内的发射装置。未经所乘航班的航空公司的允许，旅客不得在飞机上使用除便携式录放机、助听器和心脏起搏器以外的任何电子设备。

(资料来源：http://www.ce.cn/xwzx/fazhi/201203/09/t20120309_23141258.shtml)

【引发思考】

四名公务员为回家游泳偷飞机救生衣说明了什么？

案 例 分 析

【案例描述】

莫祯豪隐匿携带枪支子弹乘坐民用航空器案

1996 年 3 月 14 日上午，莫祯豪携带一支枪号为 18004298 的"六四"式手枪和子弹 10

发，混过咸阳机场安全检查站，登上由西安飞往桂林的 2339 次航班。由于天气原因，飞机降落于湖南省长沙黄花机场，当天航班亦被取消。次日上午 7 时 10 分，莫祯豪又将携带的枪支子弹藏匿身上，企图再次蒙混安全检查登机回桂林，在现场被查获。

【引发思考】

莫祯豪犯了什么罪？《民用航空法》对此种行为有何规定？

【深度解析】

此案是全国首例适用《民用航空法》中刑事罚则判处的犯罪案件。《民用航空法》第一百零一条第三款规定："禁止旅客随身携带危险品乘坐民用航空器。除因执行公务并按照国家规定经过批准外，禁止旅客携带枪支、管制刀具乘坐民用航空器。禁止违反国务院民用航空主管部门的规定将危险品作为行李托运。"

《民用航空法》第一百九十三条规定："违反本法规定，隐匿携带炸药、雷管或者其他危险品乘坐民用航空器，或者以非危险品品名托运危险品，尚未造成严重后果的，比照刑法第一百六十三条的规定追究刑事责任；造成严重后果的，依照刑法第一百一十条的规定追究刑事责任。企业事业单位犯前款罪的，判处罚金，并对直接负责的主管人员和其他直接责任人员依照前款规定追究刑事责任。隐匿携带枪支子弹、管制刀具乘坐民用航空器的，比照刑法第一百六十三条的规定追究刑事责任。"

《民用航空安全保卫条例》对乘坐航空器禁止随身携带或交运的物品做了进一步说明，这些禁携、禁运品包括 4 类：枪支、弹药、军械、警械；管制刀具；易燃、易爆、有毒、腐蚀性、放射性物品；国家规定的其他禁运物品。

莫祯豪违反了上述规定，犯有隐匿携带枪支子弹乘坐民用航空器罪，长沙县人民法院为维护正常的民用航空管理秩序，保障民用航空活动的安全，对莫祯豪隐匿携带枪支子弹乘坐民用航空器的犯罪行为予以刑罚处罚。

(资料来源：http://news.carnoc.com/list/113/113690.html)

案 例 分 析

中国民航三叉戟 296 号客机被劫持事件

【案例描述】

1983 年 5 月 5 日上午 10 时 49 分，中国民航三叉戟 296 号客机从沈阳东塔机场起飞前往上海。机上共 105 人，其中，机组人员 9 名，日本人 3 名。11 时 20 分左右，飞机飞临渤海湾时，以卓长仁、安卫建为首的 6 名武装暴徒突然冲到驾驶舱门口，用枪猛射驾驶舱门锁，踢开舱门后持枪闯入驾驶舱对机组人员射击，当即将报务员和领航员打成重伤。紧接着，武装暴徒又用手枪逼迫机长和领航员立即改变航向，向韩国飞去。296 号客机被迫降落在韩国的春川军用直升飞机场。5月6日上午9时，除被劫持飞机的暴徒击伤的两名机组人员外，其他7名机组人员和296号客机上的全体乘客均被送往汉城市内的谢拉顿饭店。韩国军事当局将6名劫持犯拘留，并对事实情况进行调查。之后，韩国军事当局立即把情况向中华人民共和国和国际民用航空组织理事会报告。

我国外交部得到这项通知后，要求韩国当局根据《国际民用航空公约》的有关条款，立即把被劫持的飞机连同机上的全体机组人员和全体乘客交还中国民航，将劫持飞机的罪犯交给我国处理。同时，并由中国民航总局局长率领工作小组前往韩国进行妥善处理。5月6日，国际民用航空组织理事会主席阿萨德·科泰特、秘书长朗贝尔也致电韩国当局，对中国民航班机被非法劫持一事表示关切，并相信韩国将不遗余力地安全放还旅客、机组人员和飞机，按照国际民用航空组织大会的决议及韩国参加的1970年《海牙公约》对劫机罪犯予以惩处。经韩国同意，5月7日上午8时，中国民航工作组到达韩国处理这一劫机事件。经过双方磋商结果，被劫持飞机上的旅客和机组人员将和中国民航工作组同乘一架波音707专机返回中国；被劫持的中国三叉戟客机，在技术性问题获得解决后就归还给中国；受伤的一名机组人员将继续留在韩国就医，然后回国。但是，双方关于6名劫持罪犯的处置问题未取得一致的意见。中国方面指出：按照中国的法律和有关国际公约的规定，这些劫持罪犯理应交还给中国方面处理。韩国方面表示：不能把罪犯交还给中国，并声称韩国方面已决定对他们进行审讯和实施法律的制裁。中国方面对6名劫持罪犯尚未被交还中国表示遗憾，并且声明保留就此问题进一步交涉的权利。

5月10日上午，双方就交还被劫持的客机上的乘客、机组人员和客机等问题签署了一份备忘录。在当地时间15时45分，中国民航工作组同被劫持的中国民航296号客机的旅客和机组人员离开汉城回国。下午，他们乘坐的中国民航波音707客机安全抵达上海虹桥机场，受到各界代表200多人的热烈欢迎。乘296客机的3名日本籍旅客已从韩国返回日本。

5月18日，民航296号客机经过必要的技术性准备之后从汉城金浦国际机场起飞（5月15日从春川机场顺利起飞并安全降落在汉城金浦机场），于中午12时半抵达北京，劫机时被暴徒开枪打成重伤在韩国治疗的机组人员也随机返回祖国。

中国有关部门指出，5月5日劫持中国民航296号客机的6名武装暴徒卓长仁、姜洪军、安卫建、王彦大、吴云飞、高东萍（女）等人，不但犯有劫机罪，而且是犯有盗窃枪支弹药、伪造证件、投机诈骗等罪行的刑事犯罪分子，因此，韩国当局应当按照有关国际公约和中国法律，立即把他们交还中国进行审判。

5月24日，韩国汉城地方检查院宣布，已将劫持中国民航296号客机的卓长仁等6名暴徒正式逮捕，他们将听候对其劫机罪行的审判。6月1日，该检查院以违反韩国《航空安全法》、《移民管制法》、《武器及爆炸物品管制法》，对劫持中国民航296号客机的卓长仁等罪犯提出起诉。7月18日，韩国汉城刑事地方法院开庭审判以卓长仁为首的劫持中国民航296号客机的6名罪犯。8月18日，该法院开庭，分别对这6名罪犯宣判：判处卓长仁6年有期徒刑，姜洪军和王彦大各5年有期徒刑，安卫建、吴云飞和高东萍各4年有期徒刑。经抗诉和上诉，终审法院维持原判。

【引发思考】

1）卓长仁等人犯了什么罪？国际上对此类犯罪都有哪些规定？

2）根据相关公约的规定，飞机的降落地国和飞机的国籍国将会如何处理此案，为什么？

【深度解析】

本案涉及的问题有以下两点。

（1）空中劫持飞机是一种国际犯罪行为

空中劫持飞机的事件不是当代才发生的。世界上第一起空中劫机事件是 1933 年在秘鲁发生的。20 世纪 60 年代以来，由于科学技术的发展、国际航空业务的扩大，空中劫持事件不断发生，并且危害了民用航空事业的发展和人们的生命安全及财产的安全，因此，引起了世界各国的特别严重关注。联合国大会呼吁所有国家采取一切适当的措施，在国家管辖的范围内阻止、防范或查禁这类行为；犯有劫机行为的必须受到法律的制裁和严惩。因而，在联合国和世界各国的共同努力下，先后制定了对空中劫持犯罪惩罚的 3 个国际公约，即 1963 年《东京公约》1970 年《海牙公约》和 1971 年《蒙特利尔公约》。根据这 3 个公约的规定，凡是从航空器的地勤人员、机组人员为具体飞机做飞行前准备开始，到任何一次着陆以后的 24 小时为止，任何危害民用航空安全的犯罪，都被视为一种刑事犯罪，并且是一种国际性犯罪，必须受到严厉的惩罚。

（2）被劫持飞机的所属国和飞机降落地国有权对劫机犯行使管辖权

根据 1970 年《海牙公约》的规定，对非法劫持航空器的罪行，必须予以刑事制裁。对劫机犯的制裁，可以由飞机的所属国和飞机的降落地国按照其法律必须严惩。这种规定主要是为了保证对犯有劫机罪的人，无论在何处，都不至于因任何国家不对其加以逮捕和审判而逃脱惩罚，因而不仅使各缔约国享有对罪行实行管辖的权利，同时也使各国负有严厉惩罚犯罪的义务。但是，我国对卓长仁等劫机犯的处理是不满意的，其犯罪的情节之严重、手段之卑劣是有目共睹的，并且受到了国际舆论的谴责。韩国当局在对这些犯罪分子的法律制裁太轻，为此，我国表示了严正的抗议。

（资料来源：http://q.sohu.com/forum/10/topic/6167787）

案 例 分 析

张振海劫机案

【案例描述】

张振海，男，中国人，1989 年 12 月 16 日携其妻子在登上中国国际航空公司 CA981 航班 B2448 号飞机后采取恐吓方式劫持了该飞机，要求飞往韩国。由于韩国拒绝接受该机降落，飞机在油料不足的情况下，被迫降在日本福冈机场。事发后，中国驻日本大使馆、领事馆非常重视，派人亲临现场处理有关事宜。日本当局也给予了合作，使被劫持的中国飞机和机上人员（包括张振海的妻子）顺利返回中国。但张振海当时尚留在日本。中国为了自行审判和处罚张振海与日本进行了协商，首先向日方提交了请求将张振海临时拘留的照会和中国有关机关签发的逮捕令。日本收到中国照会和逮捕令后，其法院将张振海临时拘留并转移到东京关押。而后中国应日方要求派出了一个工作小组就引渡张振海一事进行具体商谈。1990 年 2 月，中国正式向日本提交了请求引渡书和解释中国法律的法律意见书，以及证明张振海有劫机罪行和有关证据及补充材料。

中国在这些文件中指出：张振海劫持中国民航班机，严重威胁了飞机、机上人员和财产的安全，并直接损害了人民对民用航空安全的信任，根据《中华人民共和国刑法》第十条、第七十九条、第一百零七条和中日双方均为缔约国的 1970 年《海牙公约》第一条，已构成劫持飞机罪。为对张振海的犯罪行为依法进行制裁，请求日本政府将张振海引渡给中国，中国司法机关将就其劫机罪行对其依法进行审判。而不对其以劫机罪以外的罪行处罚。日本法院经审查同意引渡张振海后，于 1990 年 4 月 28 日将张振海引渡给了中国。张振海被引渡回国后，北京检察院分院对其提起诉讼。北京市中级人民法院依法对其进行了公开审判，认定其犯有劫机罪，宣布判处其有期徒刑 8 年，剥夺政治权利 2 年。

【引发思考】

1）是否根据中国法律认定张振海犯有罪行，日本就可以决定将其引渡？
2）张振海被引渡回国后，中国法院可否另定罪行对其进行审判和处罚？

【深度解析】

长期的国际实践形成了引渡制度中的双重归罪原则，也称相同原则，即引渡中被指控的人犯所实施的行为必须是根据请求国和被请求国的法律规定均构成可引渡的犯罪行为。若依任何一方的法律规定被请求引渡人所实施的行为不构成可引渡的犯罪行为，则被请求国可拒绝引渡人犯。因为引渡涉及请求国和与被请求国的司法管辖权问题，是一种特殊的刑事司法协助形式。

依据双重归罪原则，日本法院按中国法律和日本法律对张振海的劫机行为进行审查后认为张犯的行为属可引渡的犯罪行为，才将张犯引渡给中国，并非仅依中国法律认定张振海犯罪就决定引渡。国际引渡中还要遵循专一原则。所谓专一原则，是指请求引渡的国家对于被引渡的人犯只能就其所犯构成引渡理由的罪行对该人进行审判或处罚，并且不得再将该人引渡到第三国。1990 年联合国大会通过的《引渡示范条约》第十四条第一款规定："根据本《条约》被引渡者，除下述犯罪行为外，不得因将其移交之前该人所犯的任何罪行，在请求国领土对他进行诉讼程序、判刑、扣押、再次引渡到第三国，或对他施加任何其他的人身自由限制；（a）准予引渡所依据的犯罪行为；（b）被请求同意的任何其他罪行。

如请求引渡所涉罪行本身根据本《条约》应予引渡，则应予同意。"我国与外国签订的引渡条约中对此也做了规定。例如，《中华人民共和国和泰王国引渡条约》第十三条第一款规定："根据本条约被引渡的人，除引渡所涉及的犯罪外，不得在请求方境内因其他犯罪而被拘禁、审判或处罚，或者由该方引渡给第三国。"遵循专一原则的目的是防止某些国家将从事政治犯罪的人以普通刑事犯名义引渡回国，然后以其他名义任意予以惩罚。根据这一原则，我国法院对引渡回国的张振海只能给予日本的引渡请求照会中指控的罪行进行审判，而不能另定罪行审判或处罚。北京市中级人民法对张振海的审判是严格遵循专一原则的。

（资料来源：http://www.bdtvu.net.cn/more.asp?id=301）

本 章 小 结

本章通过介绍危害航空安全的犯罪及有关刑罚的基础知识，使学生在了解航空犯罪的基本特征的基础上，增强民航安全与反犯罪意识；通过详细介绍《民用航空法》及《刑法》中各种危害民航运输安全的行为的犯罪形态，使学生正确识别各种犯罪形式；通过介绍1963年《东京公约》、1970年《海牙公约》和1971年《蒙特利尔公约》，使学生认识航空安全的国际性，以及国际上打击航空犯罪的具体合作形式；通过讲解引渡和起诉的基本知识及其主要特征，使学生理解"不引渡即起诉"原则的法律意义，学会运用"不引渡即起诉"原则，具体分析航空犯罪的刑事司法程序问题。

本章重点：航空犯罪的类型、刑事管辖权。

本章难点：引渡。

思考与练习

1．我国《刑法》和《民用航空法》规定了哪些危害民航安全的犯罪？
2．简述刑事犯罪的司法管辖权的基本原则。
3．试述劫机犯罪的引渡、起诉和刑事处罚。
4．劫持航空器行为者所在的国家是否承担予以引渡的义务？为什么？

第**11**章 涉外关系的法律适用

所谓涉外关系，是指含有涉外因素的社会关系，即社会关系的主体、客体或者内容三要素中至少有一个因素具有涉外性。例如，在外国签订或者在外国履行的合同，发生在外国的侵权行为，财产纠纷的标的在外国等。《民用航空法》的国际性特点决定了民用航空活动中涉外关系的大量存在。例如，从事国际航空运输的客机，载运世界各国的旅客，在世界各国的领空穿行；一国租赁另一国的民用航空器；一国的民用航空器给他国地面第三人造成损害等。而各国的民用航空法律规范又不尽相同，这就需要有一系列法律规则来决定如何适用法律的问题。

涉外关系的法律适用，起源于国际私法，是以有关的法律关系存在法律冲突为前提的。也就是说，涉外关系的法律适用产生于解决法律冲突的过程中。所谓法律冲突，是指不同地域的法律，赋予同一社会关系以不同的法律概念和内容，而在处理该社会关系时，依一个国家的法律可以得出一种结论，而依另一个国家的法律则可能得出另一种结论，两种结论很可能是大相径庭的。涉外关系的法律适用是通过一系列法律适用原则来选择适用何种法律，最终达到解决、协调法律冲突的目的。

《民用航空法》第一百八十四条规定："中华人民共和国缔结或者参加的国际条约同本法有不同规定的，适用国际条约的规定；但是，中华人民共和国声明保留的条款除外。中华人民共和国法律和中华人民共和国缔结或者参加的国际条约没有规定的，可以适用国际惯例。"

这一条款就是关于我国《民用航空法》和国家条约在民用航空活动的涉外关系中如何适用的原则规定,也是涉外关系法律适用的一般原则。

11.1 国际条约优先原则

国际条约是国际法最主要的渊源。条约只对缔约国有约束力,而对非缔约国并无约束力,这是公认的国际法原则。我国缔结或者参加的国际条约,对我国具有约束力,履行条约义务是我国不可推卸的责任,这同时体现了缔约国必须遵守条约的国际法基本原则。任何国家不得以国内法来改变、修改国际条约,从而推卸自己在平等自愿基础上承担的国际义务。根据我国的一般法律原则,承担国际条约义务应超越承担国内法的义务,这是我国尊重和强调国际条约义务的体现,也是国际经济、文化等方面交流的需要。在世界各国的共同努力下,国际民用航空领域已形成了很多国际公约和协议书,实现了比较广泛的国际统一。我国是许多国际公约的缔约国和参加国,如 1944 年《芝加哥公约》、1999 年《蒙特利尔公约》等。

我国缔结或者参加的国际条约同《民用航空法》有不同规定的,适用国际条约的规定,但是,有一个例外,就是不适用我国声明保留的条款。条约的保留,是指一个国家于签署、批准、接受、赞同或加入条约时所做之单方声明,无论措辞或名称为何,其目的在于摒除或者更改条约中的若干规定对该国适用时的法律效果。保留实际上是对条约的部分修改。我国在缔结或者参加国际条约时声明的保留条款对我国则不发生法律约束力。例如,我国对 1963 年《东京公约》第二十四条、1970 年《海牙公约》第十二条、1971 年《蒙特利尔公约》第十四条这 3 个有关争端解决条款做了保留,这些关于将缔约国之间的争端提交仲裁的规定对我国是不适用的。

11.2 国际惯例的适用

中华人民共和国法律和中华人民共和国缔结或者参加的国际条约中没有规定的,可以适用国际惯例。这是对国际条约优先原则的补充。国际惯例是国际法的另一个重要渊源,也是国际法最古老和最原始的渊源,是在国际交往中逐渐形成的一些习惯做法和先例,最初被某些国家长期反复使用,后来为各国普遍接受并承认其法律效力。国际惯例通常具有通用性、稳定性、重复性、准强制性和效益性等特点。

随着民用航空活动的迅速发展和科学技术的快速进步,在实践中难免会出现一些新情况、新问题,而我国法律和我国缔结或者参加的国际条约对此也没有规范。在这种情况下,在维护国家主权和平等互利原则基础上,适用国际惯例是必要的。

作为涉外关系法律适用的一般原则,早已为我国法律和司法实践所肯定。《民法通则》将这一原则在立法上肯定下来,以后的《中华人民共和国涉外经济合同法》(以下简称《涉外经济合同法》)、《民事诉讼法》、《中华人民共和国著作权法》、《海商法》、《中华人民共和国票据法》等都吸收了这一原则。《民用航空法》也将这一原则纳入我国民用法律体系。

11.3　所有权的法律适用

关于所有权的法律适用问题，世界各国立法和司法实践普遍采用"物之所在地法"的原则。这个原则又被称为"物权法则"。"物之所在地"原则的适用范围虽然非常广泛，但在各国立法和实践中，并非一切涉外所有权问题或物权问题，都由"物之所在地法"来规定。这一原则在实际运用中，受到一些限制，存在一些例外情况，如船舶、航空器经常往来于公海上空，而公海和公海上空不属于任何国家法律的管辖，根本不存在所谓"物之所在地"国家。因此，世界各国普遍主张依船旗国或航空器国籍登记国法律作为涉外所有权或物权关系适用的准据法。我国《民国航空法》在借鉴国外立法经验的基础上，规定"民国航空器所有权的取得、转让和消灭，适用民用航空器国籍登记国法律"，与国际通行做法是一致的。

实践中，民用航空器所有权登记与民用航空器国籍登记是既相互联系，又相互区别的两个问题。航空器的权利登记国与国籍登记国通常是不分离的。外国立法中一般都规定，该国公民、法人或者其他组织所有的航空器才有权申请该国国籍登记。1948年的《日内瓦公约》第一条也开宗明义地要求，所有民用航空器权利的设定必须符合该航空器进行国籍登记的缔约国在设定该权利时的法律。因为在民用航空器所有权或物权问题上，适用该民用航空器国籍登记国法律能最充分地保护航空器所有权人或者物权人的合法权益。

民用航空器抵押权也适用民用航空器国籍登记国法律，这也是国际上的通行做法。

11.4　民用航空运输合同的适用

11.4.1　意思自治原则

民用航空运输合同当事人可以选择合同适用的法律，这是确定涉外合同准据法的"意思自治原则"的体现。"意思自治原则"，是"契约自由"原则在涉外合同关系上的具体运用。由于此原则符合市场经济发展的需要，为许多国家法律相继接受。

但涉外合同当事人选择合同适用法律的自由是有限制的、在法律对此另有规定的情况下，合同当事人应遵守法律的特殊要求，不能对合同适用法律进行选择。

11.4.2　最紧密联系原则

民用航空运输合同当事人对合同适用法律没有选择的，适用与合同有最紧密联系的国家的法律。最紧密联系原则，是指在与合同有关的各种因素中，较多因素都与某一地域有联系，或者其中最主要的因素与某一地域有联系，该地域即为与合同有最密切联系，该地域所属国家的法律即为与合同有最密切联系的国家的法律，从而成为合同的准据法并得以适用。这个原则是在第二次世界大战后被提出来的，后为许多国家立法所采纳。实践中，与合同有最密切联系的国家的法律通常指合同缔结地法、合同履行地法、合同标的物所在地法、当事人住所或居所地法、当事人本国法、法人所在地法或营业地法等。

11.5 民用航空器对地（水）面第三人造成损害的适用

民用航空器对地（水）面第三人造成损害引起的是侵权行为责任。在司法实践中，对涉外侵权行为责任普遍适用侵权行为地法。这主要考虑到以下3点：一是要照顾侵权行为地国家及其人民的特殊利益，尊重当地国主权；二是对当事人来说，应当遵守当地国的法律，按照当地国的法律行事，并且根据当地国法律预见其行为可能产生的法律后果；三是平等保护个体权利，使在侵权行为地被打破的权利平衡得以恢复。我国《民法通则》第一百四十六条规定："侵权行为的损害赔偿，适用侵权行为地法律。"在我国法律上确定了侵权行为的法律适用原则。《民用航空法》对此的规定是《民法通则》有关规定的具体体现。

民用航空器在公海上空对水面第三人造成损害，运用何国法律呢？公海不属于任何国家领土范围，在司法实践中，适用法院地法已成为国际通行做法。

11.6 法律适用中的公共秩序保留

《民用航空法》第一百九十条规定："依照本章规定适用外国法律或者国际惯例，不得违背中华人民共和国的社会公共利益。"这是关于适用外国法律或者国际惯例的限制性规定，在性质上属于"公共秩序保留"条款。所谓公共秩序保留，是指一国法院处理某种涉外案件时，根据该国法律适用原则的规定，应当适用外国法律或者国际惯例，但法院认为适用该外国法律或者国际惯例违反本国的公共秩序，就不予适用，而代之以国内法或者其他相应的某一法律。

各国对公共秩序保留的认识虽不尽相同，但违反一国公共秩序的外国法律或者国际惯例不予适用，是国际私法普遍采用的法律原则，各国都把其作为一种法律根据或手段，来限制或排除外国法律或者国际惯例的适用。公共秩序保留对法律适用起着一种安全阀的作用，其目的是限制外国法律或者国际惯例的效力，以防外国法律或者国际惯例的适用有损本国的根本利益。

《民用航空法》对公共秩序保留的规定，与我国《民法通则》、《民事诉讼法》、《涉外经济合同法》的有关内容是一致的。我国立法一直对此持肯定态度。在实践中，当根据公共秩序保留条款不适用外国法律或者国际惯例时，一般适用本国国内法。

上海金月房地产开发有限公司与韩国大韩航空有限公司人身损害赔偿纠纷案

原告：上海金月房地产开发有限公司，住所地：上海市青浦外青松公路 5500 号

法定代表人：王雪伟，经理

委托代理人：黄可磊、贾淑琴，上海市东方世纪律师事务所律师

被告：韩国大韩航空有限公司，住所地：韩国汉城中区西小门洞 41-3 号

法定代表人：沈泽利，董事会主席

委托代理人：朱洪超、江宪，上海市联合律师事务所律师

原告上海金月房地产开发有限公司诉被告韩国大韩航空有限公司赔偿纠纷一案，于 2000 年 9 月 27 日向本院起诉。本院受理后，依法组成合议庭，并依照《民事诉讼法》的规定，向被告送达了民事起诉状副本。被告在答辩期内未向本院提出书面答辩状。本院于 2000 年 11 月 16 日公开开庭进行了审理。原告的委托代理人黄可磊、被告韩国大韩航空有限公司的委托代理人朱洪超、江宪到庭参加诉讼。本案现已审理终结。

原告诉称，原告系本市沁春园一村 1 号 102 室业主。1999 年 4 月 15 日下午 4 时许，被告一架 MD-11 飞机坠落在原告居住的物业附近。飞机坠地时形成的巨大冲击波与四处飞溅的飞机残骸，致使原告居住的整幢房屋结构严重受损。外墙破碎、粉刷脱落、水管断裂、窗盘歪曲。房间内局部墙面粉刷开裂，起壳，掉落。地坪及平顶部分产生统长裂缝、门窗变形难以开关、室内装潢彻底损坏。被告飞机坠毁事故，使原告居住的整幢房屋结构受损，房屋正常年限受到严重影响。并使原告购置的物业严重贬值，给原告造成极大的经济损失。

诉讼中，原、被告争议的焦点为，坠机事故后被告赔偿数额和本案适用的法律。

本院认为，被告飞机坠落造成原告财产损害，原告作为被告飞机坠落的直接受害者，享有赔偿请求权。被告作为航空器的经营人应承担赔偿责任，赔偿原告因此造成的损失。根据我国法律规定，民用航空器对地面第三人的损害赔偿，适用侵权行为地法律，这是我国法律对于侵权行为准据法的适用规定。本案侵权行为地为我国上海，故本案应适用我国的实体法。根据我国法律规定，涉外民事关系的法律适用，我国缔结或参加的国际条约同我国民事法律有不同规定的，适用国际条约，但我国保留的条款除外。我国法律和国际条约没有规定的，可以适用国际惯例。故我国法律适用的顺序为国际条约、国内法、国际惯例。因我国至今未参加相关的国际条约，而我国国内法对该类侵权行为的赔偿已做法律规定，故本案适用我国的国内法。根据我国法律规定，损坏国家、集体或者他人财产的，应当恢复原状或者折价

赔偿。我国法律同时规定承担民事责任的方式包括恢复原状；修理、重做、更换；赔偿损失；赔礼道歉。

基于原告受损事实，鉴于房屋检测报告的结论、建议及双方当事人对房屋修缮的一致意见，被告应对原告房屋的公用部位、公用设备及公用设施进行修缮，恢复原状。

被告对原告房屋修复后，原告基于坠机导致的损害后果，仍需对其房屋自用部位进行装修；且因被告飞机坠毁事故，客观上已使原告房屋价值贬值，被告对原告该损失应予赔偿。现原告主张被告赔偿房屋自用部位修复费、房屋损失费、房屋装修费数额偏高，本院对原告房屋受损造成的损失数额本着公平合理之原则予以认定。综上，本院认定原告上述损失为人民币 84 594 元，由被告予以赔偿。

被告飞机坠毁事故使原告在一定时期内无法正常工作，已造成原告一定的损失；同时因房屋修缮搬迁并在外临时过渡还会产生一定的损失，还因原告诉讼也产生了一定的费用，均应作为原告的损失。对原告该损失，本院酌情认定为人民币 30 000 元，由被告赔偿。

在当今民用航空交通工具普遍使用的情况下，被告应充分重视航空运输质量，保证航空运输安全。现被告飞机出现坠毁事故，导致地面无辜第三人财产及人身受损，损害范围广，损害后果严重。被告应充分吸取教训，加强安全管理，保障飞行安全。鉴于被告已实施了赔礼道歉行为，对原告要求被告在媒体上进行赔礼道歉的诉讼请求，本院不予支持。

为此，依据《民用航空法》第一百八十九条第 1 款、第一百八十四条、第一百五十七条、第一百五十八条第 1 款，《中华人民共和国民法通则》第一百四十六条第 1 款、第一百四十二条、第一百二十三条、第一百一十七条第 2 款、第一百三十四条之规定，判决如下。

1）被告韩国大韩航空有限公司在本判决生效后对原告上海金月房地产开发有限公司的房屋的公用部位、公用设备及公用设施进行修缮，使其恢复原状。

2）被告韩国大韩航空有限公司在本判决生效后赔偿原告上海金月房地产开发有限公司损失人民币 114 594 元。案件受理费人民币 6359 元，由被告韩国大韩航空有限公司承担。

如不服本判决，原告可在本判决书送达之日起 15 日内，被告可在本判决书送达之日起 30 日内，向本院递交上诉状，并按对方当事人的人数提出副本，上诉于上海市高级人民法院。

（资料来源：http://www.110.com/panli/panli_35573.html）

【引发思考】

法院为什么认为本案应适用我国的实体法？

阅读材料

全国人大常委会

关于批准有关国际公约的决定

第十一届全国人民代表大会常务委员会第五次会议决定：批准 2001 年 11 月 16 日在国际民用航空组织理事会和国际统一私法协会联合召开的外交会议上通过的《移动设备国际利益公约》和《移动设备国际利益公约关于航空器设备特定问题的议定书》（以下简称《公约》和《议定书》）。同时做以下声明。

对《公约》第三十九条第 1 款（a）项声明：依照中华人民共和国法律优先于有担保的债权人的全部非约定权利或者利益无须登记即可优先于已经登记的国际利益，包括但不限于破产费用和共益债务请求权，职工工资，产生于该民用航空器被抵押、质押或留置之前的税款，援救该民用航空器的报酬请求权，保管维护该民用航空器的必须费用请求权等。

在中华人民共和国政府另行通知前，《公约》和《议定书》暂不适用于中华人民共和国香港特别行政区和澳门特别行政区。

（资料来源：http://www.npc.gov.cn/huiyi/cwh/1105/2008-10/28/content_1455795.htm）

【引发思考】

为什么《公约》和《议定书》暂不适用于中华人民共和国香港特别行政区和澳门特别行政区？

本 章 小 结

民用航空活动中的涉外关系如何适用法律是一个重要的问题。本章讲解了《民用航空法》的相关规定，要求学生掌握几个基本的原则，也说明了"公共秩序保留"的条款。

本章重点：国际条约优先原则、国际惯例的适用、最紧密联系原则。

本章难点：所有权的法律适用。

思 考 与 练 习

1．为什么说国际条约优先？

2．举例说明"最紧密联系原则"在民航运输中的应用。

3．谈谈你对国际惯例的认识。

第12章 国际组织

民用航空的国际性，决定了民用航空领域中应当加强国际合作。

国际组织是多边国际合作的重要场所；国家之间的双边往来，亦是国际合作的重要途径。加强国际合作，有利于促进国际民用航空安全地、正常地和有效地的发展。

12.1 国际组织的概念

国际组织是指两个或两个以上国家或政府、人民、民间团体基于特定的目的，通过一定的协议形式而建立的各种机构。

国际组织有广义和狭义之分。广义的国际组织是指两个以上国家和政府或团体、个人为特定目的，以一定协议形式建立的国际活动机构，既包括政府间的国际组织，也包括非政府间的国际组织。狭义的国际组织则仅指政府间的国际组织。

12.2　国际组织的基本特征

12.2.1　国际组织是国际法主体

国际组织的建立是以国际协议为基础的。因此，国际组织是国际法主体，它具有成为国际法主体所要求的独立进行国际交往，享受国际法赋予的权利、承担国际法所设定的义务，以及构成国际社会地位平等的实体 3 个要素。国际组织在某种程度上已被视为与国家一样具有一定的权利能力和行为能力的主体。

12.2.2　国际组织的权利能力和行为能力

国际组织的权利能力和行为能力源于国家的授权，仍然与国家不可同日而语。因此，国际组织作为法律关系的主体具有很大局限性，离开了成员国的授权，其主体地位也就随之消失，它只能在组织章程的授权范围之内进行国际交往。

12.2.3　国际组织进行活动应遵循的原则

国际组织进行活动应遵循国家主权平等原则和平等互利、友好协商原则，因为它是国家之间的组织，而不是超国家的机构或国家实体。

12.3　国际民用航空组织

国际民用航空组织，简称国际民航组织，是根据 1944 年《芝加哥公约》的规定建立的。我国于 1944 年 12 月 9 日成为国际民航组织的成员国，是创始国之一。1971 年 11 月 19 日，国际民航组织第 74 届理事会第 16 次会议通过决议，承认中华人民共和国政府的代表为中国唯一合法代表。在 1974 年第 21 届会议上，我国连续当选为二类理事国。2004 年 10 月 2 日，在第 35 届大会上我国高票当选当该组织一类理事国。在 2010 年国际民航组织第 37 届大会上，我国第三次高票连任国际民航组织一类理事国。

该组织的第一次代表大会于 1947 年 5 月在加拿大的蒙特利尔举行。该组织目前拥有 191 个成员国，其中 36 个为常任理事国。

国际民航组织是各主权国家以自己本国政府的名义参加的官方国际组织，取得国际民航组织成员资格的法律主体是国家，代表这些国家的是其合法政府。对此，1944 年《芝加哥公约》第二十一章做出了明确规定，排除了任何其他非政治实体和团体成为国际民航组织成员的可能，也排除了出现两个以上的政府机构代表同一国家成为国际民航组织成员的可能。

1946 年，联合国与国际民航组织签订了一项关于两者之间关系的协议，并于 1947 年 5 月 13 日生效。据此，国际民航组织成为联合国的专门机构。该类专门机构指的是通过特别协定而同联合国建立法律关系的或根据联合国决定创设的对某一特定业务领域负有"广大国际责任"的政府间专门性国际组织。但它们并不是联合国的附属机构，而是在整个联合国体系中享有自主地位。

国际民航组织的宗旨和目的在于发展国际航行的原则和技术，促进国际航空运输的规划和发展，以保证全世界国际民用航空安全地和有秩序地发展；鼓励为和平用途的航空器的设计和操作技术；鼓励发展国际民用航空应用的航路、机场和航行设施；满足世界人民对安全、正常、有效和经济的航空运输的需要；防止因不合理的竞争而造成经济上的浪费；保证缔约各国的权利充分受到尊重，每一缔约国均有经营国际空运企业的公平的机会；避免缔约各国之间的差别待遇；促进国际航行的飞行安全；普遍促进国际民用航空在各方面的发展。

12.4　国际航空运输协会

国际航空运输协会，简称国际航协，是世界范围内国际航空公司间的行业性的民间组织，主要吸收从事国际航空运输的航空公司参加，也吸收仅从事国内航空运输的航空公司参加。国际航空运输协会的设立原则是会员自主，属于非政府间的自愿组织。由于世界上大多数国家的航空公司是国家所有，即使是非国有的航空公司也受到所属国的强力影响或控制，因此，该组织实际上是一个半官方组织。国际航空运输协会发挥着通过航空运输企业来协调和沟通政府间政策，解决实际运作困难的重要作用。

该组织于 1945 年成立，其创始会员有 31 个，目前会员超过 200 个。

国际航空运输协会在会员制度方面设立两种会员制：一种是正式会员，为国际航空承运人，在国际航空运输协会的所有会议上拥有表决权；另一种是准会员，仅从事国内航空运输的航空公司在一定前提下可以参加，但在国际航空运输协会的会议上没有表决权。

1993 年 8 月，中国国际航空公司、中国东方航空公司、中国南方航空公司正式加入该组织。1995 年 7 月，中国国际旅行社总社正式加入该组织，成为中国内地的首家代理人会员。

国际航空运输协会成立的目的：为世界人民提供安全、正常和经济的航空运输；为会员航空运输企业之间，或同其他市场参与者、有关当局或机构之间就有关行业的问题的探讨和协商提供论坛；为有关行业的活动提供广泛的信息并提供统一的服务和研究；同国际民用航空组织、其他国际组织和区域性航空运输协会进行合作；作为致力于航空运输竞争和自由贸易的承运人的代表。

阅读材料

中国再次当选国际民航组织一类理事国

2010 年 10 月 2 日，中国在加拿大蒙特利尔举行的国际民航组织第 37 届大会上以 151 高票当选一类理事国，这是自 2004 年来中国第三次连任一类理事国。当天参加投票选举的国家有 161 个，除中国外，德国、日本、意大利、澳大利亚、俄罗斯、巴西、美国、英国、法国、加拿大也同时继续当选一类理事国。本次国际民航组织大会于 9 月 28 日开幕，就国际航空安全、保安、环境保护、运输政策、法律等各项议题展开讨论。中国民航局李家祥局长率中国政府代表团参加本次大会。

国际民航组织理事会是国际民航组织的日常决策机构，共由 36 个理事国组成。其中，一类理事国有 11 个，由在航空运输方面占主要地位的国家组成；二类理事国有 12 个，由对提供国际民用航空的空中航行设施做出最大贡献的国家组成；三类理事国有 13 个，由代表世界各主要地理区域的国家组成。

中国自 1974 年恢复参加国际民航组织活动以来，连续 10 次当选为国际民航组织二类理事国，并于 2004 年竞选成为一类理事国。近年来，在中国经济社会持续发展的推动下，中国航空运输业进入了快速发展的新阶段。2009 年，中国的航空运输总周转量达到 427.1 亿吨公里，在国际民航组织缔约国中排名第二。2010 年 1 ～ 8 月，完成航空运输总周转量 350.48 亿吨公里、旅客运输量 1.78 亿人次、货邮运输量 354.95 万吨，比 2009 年同期分别增长 29.8%、17.8% 和 33.6%。同时，中国民航在提供空中航行服务、机场和机队的拥有量方面也取得了令人瞩目的成绩。中国是世界上第一个使用米制飞行高度层缩小垂直间隔的国家，并且中国的米制缩小垂直间隔高度层配备标准已被国际民航组织纳为正式标准。

中国作为国际民航组织的创始国之一，积极参与国际民航组织各类活动和项目。近 3 年来，中国向国际民航组织的航空保安行动计划、北亚地区运行安全及持续适航合作、航空环境保护、非洲航空安全全面地区实施计划、扩大国际民航组织中文使用 5 个项目提供了 76 万美元的捐款，并与国际民航组织共同举办了发展中国家航空专业人员培训班，为发展中国家培训了 150 多名航空专业人员。

（资料来源：http://www.gov.cn/gzdt/2010-10/04/content_1715517.htm）

【引发思考】

中国民航局积极参与国际民航组织活动的意义何在？

国际航空运输协会主要工作简介

根据 1978 年国际航空运输特别大会决定，国际航空运输协会的活动主要分为两大类：行业协会活动和运价协调活动。1988 年又增加了行业服务。

1. 运价协调

国际航空运输协会通过召开运输会议确定运价，经有关国家批准后即可生效。第二次世界大战以后，确立了通过双边航空运输协定经营国际航空运输业务的框架。在此框架内，由哪一家航空公司经营哪一条航线，以及运量的大小，由政府通过谈判确定，同时，在旅客票价和货物运费方面也采用一致的标准，而这个标准的运价规则是由国际航空运输协会制定的。如有争议，有关国家政府有最后决定的权力。为便于工作，协会将全球划分为 3 个区域：一区包括所有北美洲和南美洲大陆及与之毗连的岛屿、格陵兰、百慕大、西印度群岛和加勒比海群岛、夏威夷群岛（包括中途岛和帕尔迈拉）；二区包括欧洲全部（包括俄罗斯联邦在欧洲的部分）和与之毗连的岛屿、冰岛、亚速尔群岛、非洲全部和与之毗连的岛屿、阿森松岛和地处伊朗伊斯兰共和国西部并包括其在内的亚洲部分；三区包括除二区已包括部分的亚洲全部和与之毗连的岛屿、东印度群岛的全部、澳大利亚、新西兰和与之毗连的岛屿、以及除一区所包括之外的所有的太平洋岛屿。

2. 运输服务

国际航空运输协会制定了一整套完整的标准和措施，以便在客票、货运单和其他有关凭证及对旅客、行李和货物的管理方面建立统一和程序，这也就是所谓的"运输服务"，主要包括旅客、货运、机场服务 3 个方面，也包括多边联运协议。

3. 代理人事务

国际航空运输协会在 1952 年就制定了代理标准协议，为航空公司与代理人之间的关系设置了模式。协会举行了一系列培训代理人的课程，为航空销售业造就合格人员。协会近年来随自动化技术的应用发展制定了适用客、货销售的航空公司与代理人结算的"开账与结算系统"和"货运账目结算系统"。

4. 法律

国际航空运输协会的法律工作主要表现在以下 3 个方面。

1）世界航空的平稳运作而设立出文件和程序的标准。

2）为会员提供民用航空法律方面的咨询和诉讼服务。

3）在国际航空立法中，表达航空运输承运人的观点。

5．技术

国际航空运输协会对 1944 年《芝加哥公约》附件的制定起到了重要的作用，目前在技术领域仍然进行着大量的工作，主要包括航空电子和电信、工程环境、机场、航行、医学、简化手续及航空保安等。

(资料来源：http://www.caac.gov.cn/L1/L5/L5-61)

【引发思考】

国际航空运输协会与国际民航组织的异同有哪些？

本 章 小 结

从国际法的角度介绍国际组织的概念，让学生了解国际组织权利能力和行为能力的来源和局限性，正确认知世界民航两大国际组织的功能和作用。

本章重点：国际民用航空组织。

本章难点：国际组织作为国际法主体的权利能力和行为能力及其来源。

思考与练习

1．为什么说国际组织是国际法主体？

2．作为联合国专门机构的国际民用航空组织为何在整个联合国体系中享有自主地位？

3．国际航空运输协会的宗旨是什么？

第13章 热点讨论——航班延误和机票超售

知识目标

- 掌握航班延误服务工作中涉及的法律知识、航班延误服务的重要性。
- 理解如何避免不必要的航班延误，妥善化解法律纠纷，保证航空运输服务质量的重要性。
- 掌握机票超售的法律性质，以及在机票超售后承运人应承担的法律责任。
- 理解机票超售服务中，乘客所享有的合法权益，并能妥善化解法律纠纷，保证航空运输服务质量。

能力目标

- 能在发生航班延误时，自觉履行职责，主动建立有效沟通并提供人性化服务，提高职业素养和处理突发事件的应变能力。
- 会运用航班延误的服务工作和机票超售后所涉及的法律知识妥善解决导致的纠纷，避免乘客投诉。同时依据所学法律知识提出避免此类纠纷发生和正确处理纠纷的方法。

在航空运输中，无论是国内运输，还是国际运输，航班延误和机票超售是不可避免的，二者的问题不容回避，必须在法律上做出明确的回应。本章拟探讨其法律性质，希望对于目前在立法上存在缺陷的航班延误和机票超售领域，建立起较为统一的规范。

13.1 航班延误

什么是航班延误？其概念是什么？目前世界上没有哪个国家、地区或国际组织在法律上做出明确、统一的界定。因为航空运输不同于铁路或公路运输，由于其存在许多不可知、难以预料、难以避免的不确定因素，不能完全保证按照公布的航班时刻起飞。如何判断是否构成延误，在各国司法实践中，基本上是在个案中由法官综合各种因素来认定，更多地是航空承运人协会的自愿承诺，以及航空公司的特别承诺。

我国民用航空法及其相关规则均没有明确的规定或解释。《民用航空法》第一百二十六条规定："旅客、行李或者货物在航空运输中因延误造成的损失，承运人应当承担责任；但是，承运人证明本人或者其受雇人、代理人为了避免损失的发生，已经采取一切必要措施或者不可能采取此种措施的，不承担责任。"

《民用航空法释义》对"延误"解释为："本条规定的'延误'，是指承运人未能按照运输合同约定的时间将旅客、行李或者货物运抵目的地点。"

13.1.1　航班延误的原因

根据中国民航局的调查，造成国内航班延误的原因有 29 种，一般而言，有 4 种比较常见，即天气原因、空中管制原因、航空公司自身的原因和旅客原因。

1. 天气原因

航班延误的天气原因一般指大雾、雷雨、风暴、跑道积雪、结冰、低云、低能见度等危及飞行安全的恶劣天气。天气这种自然不可抗拒的因素，是影响航班正常的主要原因。由于民航运输是由飞机在长距离的高空中实施，飞机经过的航路或机场上空如果出现雷暴、雷雨云、台风、龙卷风、强烈颠簸、低云、低能见度乃至机场跑道积雪结冰等恶劣气候，都有可能对飞机结构、通讯导航设备及飞机安全起降构成直接威胁。据权威部门统计，天气原因导致航班延误最多，约占延误航班原因的 70%左右。

2. 空中管制原因

空中流量控制、重要飞行、科学实验、上级发出的禁航令等情况需要空中管制，从而导致航班延误。有资料显示，近 10 年间，北京、上海、广州三大机场飞行流量每年递增10%以上，航路一度拥挤，由此造成的延误曾占全部延误的 20%。

3. 航空公司自身的原因

航班延误的航空公司自身的原因，如运力调配、飞机故障、机务维护、机场关闭、地面通信导航、商务、机组等原因。虽然飞机是集高新技术于一身的产物，但机械故障在所难免。客观地讲，机型越先进，机械故障相对就少，反之亦然。加之许多航空公司飞机在异地委托对方代为做一般的过站服务，在这种情况下，有时会因维护工具或器材无法保证，平添了机械故障排除的难度。因此，机械故障也是影响航班正常的因素之一。

4. 旅客原因

航班延误的旅客原因，如有的乘客办完乘机手续后到附近购物、用餐、打电话，不注意听广播通知、换了登机牌后不按时登机、不按要求接受安检、行李超重不托运等。特别是近几年来，出现了新的旅客导致延误的因素，如旅客占机索赔，拒绝登机或在到达目的地后长时间不下飞机，甚至冲到登机口阻止其他航班的旅客登机，从而造成新的航班延误。

13.1.2　航班延误的性质

航班延误是对航空运输合同的不正常履行。在合同法层面上，如果承运人未能按照运输合同约定的时间运送旅客到达目的地，就构成违约，要承担责任。而在航空法层面上，我国现行法根据航班延误的程度，或者规定延误的事实出现后承运人履行附随的特定义务，主要是提供特别服务、关怀的义务，这些义务有法律的强制性，但不具有惩罚性；或者规定承运人承担损害赔偿责任，这是一种法律上的责任，航空公司承担的是违约责任，是法律要求承运人在航班延误的情况下，基于合同义务而产生的合理的负担。我国《民用航空法》仅做了原则性规定，没有具体可操作的规范，只能根据一般法，即《合同法》规定的继续履行、采取补救措施、赔偿损失等责任承担方式，以及《中华人民共和国消费者权益保护法》（以下简称《消费者权益保护法》）的规定，同时参照《中国民用航空旅客、行李国内运输规则》的规定执行。

13.1.3　承运人的义务

1. 消费者权益保护法规定的义务

在发生延误的情况下，作为航空消费者依据《消费者权益保护法》享有知情权、选择权、索赔权。消费者权利导致承运人相应的义务，消费者权利的实现有赖于承运人相应义务的履行。一般情况下，航空公司对应的义务有以下3种。其一，告知义务。航空公司应当向旅客及时告知有关不能正常运输的重要事由和安全运输应当注意的事项。航班延误或取消时，承运人应迅速、及时地将航班延误或取消等信息通知旅客，做好解释工作。其二，补救义务。航空公司应当按照客票载明的时间和班次运输旅客。承运人迟延运输的，应当根据旅客的要求安排改乘其他班次或者退票。其三，对旅客的损害赔偿义务。对旅客因延误造成的损失予以赔偿。

2. 合同法规定的义务

合同法层面上，航班延误就是对航空运输合同的不正常履行，应该负担相应的义务，以实现航空消费者的权利。航空运输合同属于一种格式合同，即承运人预先制定有关航空运输权利、义务和责任条件，并通过特定的形式向社会公布。旅客购买航空公司客票视为其对运输合同内容的认可，表现为对单方面规定的遵守，除非法院依法断定某些内容因违反法律而无效。中国民航局制定的各种规章及航空公司的"运输条件"构成航空运输合同的主要内容。

根据《中国民用航空旅客、行李国内运输规则》的规定，由于机务维护、航班调配、商务、机组等原因，造成航班在始发地延误或取消，承运人应当向旅客提供餐食或住宿等服务。但是由于天气、突发事件、空中交通管制、安检及旅客等非承运人原因，造成航班在始发地延误或取消，承运人应协助旅客安排餐食和住宿，费用可由旅客自理。如果航班在经停地延误或取消，无论何种原因，承运人均应负责向经停旅客提供膳宿服务。在航班延误不能提供原定座位时，承运人应优先安排旅客乘坐后续航班或签转其他承运人的航班。如果旅客要求退票，始发站应退还全部票款，经停地应退还未使用航段的全部票款，均不收取退票费。根据上述规定，在承运人违反合同、履行迟延的情况下，如果严重影响旅客行程的，旅客有权利解除合同，承运人有义务全额退还票款。在运输途中发生停滞的，旅客可以要求就尚未履行的部分解除合同，但对于承运人已经履行运输义务的部分则一般不能要求解除合同。另外，旅客也可以要求安排改乘其他班次，承运人应当根据旅客的要求做出妥善安排。

13.1.4　承运人的赔偿责任

1. 承运人承担责任的条件

根据《民用航空法》第一百二十六条的规定，承运人只在因延误造成损失时才承担责任，如果延误没有造成任何损失，承运人就不承担责任。由上述可知，承运人只在因延误给旅客造成损失时才承担责任，如果延误没有造成任何损失，承运人就不承担赔偿责任。这就要求旅客负责举证证明由于延误给其所造成的损失，如果旅客不能证明这一点，就不能要求承运人承担责任。

承运人只在因延误给旅客造成直接经济损失时才承担责任，对于因延误给旅客造成的间接损失和精神损失都不承担赔偿责任。一方面，《民用航空法》第一百二十六条明确了不支持赔偿间接损失；另一方面，《合同法》第一百一十三条也明确规定："当事人一方不履行合同义务或者履行合同义务不符合约定，给对方造成损失的，损失赔偿额应当相当于因违约所造成的损失，包括合同履行后可以获得的利益，但不得超过违反合同一方订立合同时预见到或者应当预见到的因违反合同可能造成的损失。"我国《合同法》的"可预见性"应依一般社会常识为预见标准，从而限制了赔偿范围的任意扩大。

精神损害赔偿问题，依据《民法通则》第一百二十条，在民法领域，规定了的因人身权和人格权被侵害可以要求关于精神损害赔偿。而对航班延误问题，《民法通则》不可能具体规范，由特别法《民用航空法》规定，我国《民用航空法》与国际航空法的相关规定基本一致，即对于航空运输中发生的损害赔偿不包括精神损害赔偿。

2. 承运人的免责条件

根据《民用航空法》第一百二十六条的规定："旅客、行李或者货物在航空运输中因延误造成的损失，承运人应当承担责任；但是，承运人证明本人或者其受雇人、代理人为了避免损失的发生，已经采取一切必要措施或者不可能采取此种措施的，不承担责任。"承运人如果举证证明其本人或者其受雇人、代理人已经采取一切必要措施以避免损失的发生，或者不可能采取此种措施，可以不承担责任。

一般而言，承运人在两种情况下不承担责任。第一，承运人及其受雇人、代理人已经采取一切必要措施以避免损失的发生。例如，在航班因机械故障造成延误的情况下，承运人为旅客安排食宿、交通和通信等，或者给旅客改签其他航空公司的航班等行为，则为采取的必要措施。第二，延误是承运人无法预料、无法控制的原因造成的，承运人不可能采取必要措施控制或阻止延误的发生。无法预料、无法控制的原因一般包括天气条件、航空器的机械故障、机组人员或机械人员的罢工等。

3．承运人赔偿责任的范围及方式

我国《民用航空法》采用的是航空运输赔偿责任限额制，即各种原因造成的航空赔偿分别适用不同的赔偿最高数额限制，超出限额的主张除非双方有特别约定，否则法律不予支持。根据《民用航空法》第一百二十八条规定："国内航空运输承运人的赔偿责任限额由国务院民用航空主管部门制定，报国务院批准后公布执行。"但是随后由中国民航总局修订颁布的《中国民用航空旅客、行李国内运输规则》中，从服务的角度规定了航班延误等不正常情况下的承运人的义务，其中又区分了非承运人原因和承运人原因两种情况，后一种原因下服务的范围也只限于"提供餐食和住宿等服务"。虽然中国民航总局于2006年2月28日发布了《国内航空运输承运人赔偿责任限额规定》，但是该规定只适用于我国国内民航运输中发生的损害赔偿，至于航班延误的赔偿责任限额，直到今天也没有制定。

目前我国航空公司通常的做法是，承担旅客因航班延误造成的食宿费用、转机增加的费用、退票费用等，确有其他损失的，在旅客举证属实后承担赔偿责任。另外，近几年，通过旅客与航空公司协商或通过司法途径解决航班延误赔偿的纠纷也在逐渐增多。

案 例 分 析

乘客因航班延误集体诉航空公司案

【案例描述】

1998年6月12日，米华丰等人乘坐某航空公司的7604航班从大连经天津到太原，在始发站由于天气原因飞机延误8小时18分起飞，乘客在大连机场等候时，航空公司地面代理人大连机场按规定向乘客提供了服务。该航班从大连到达天津，准备从天津再次起飞时，因飞机发生机械故障改在6月13日上午10时起飞。当晚，某航空公司对机械故障进行分析研究后，及时调动机务人员从太原赶往天津抢修飞机，并按规定为原告乘客免费安排了食宿。6月13日上午，飞机故障没有排除，下午15时左右，米华丰等乘客提出退票，被某航空公司的地面服务代理人以到出票地退票为由拒绝了这一要求。后经交涉，天津机场为乘客李武军、何如一及由天津始发的5位乘客办理了退票手续，其他乘客未予办理。下午 17 时 30 分，某航空公司通知米华丰等人飞机故障排除，请米华丰等人登机，却遭到拒绝。经天津机场负责人出面做工作，乘客于 19 时 45 分登机，飞机于 21 时 10 分到达太原。米华丰等人到达太原机场后，将联名签署的抗议书提交机场值班人员。1998 年 6 月 18 日，某航空公司针对米华丰等人的投诉，向中国民航总局做了汇报，并将此报告及书面的情况说明和致歉信交给乘客代表米华丰，对米华丰等人所投诉的问题进行了说明并表示歉意。对此，米华丰等人并不满意，在太原市中级人民法院提起诉讼。

后 7604 航班旅客集体起诉航空公司服务质量纠纷案，经太原市中级人民法院做出一审判决：米华丰等人起诉要求每人赔偿 400 元，判决每人 200 元，诉讼费各付一半。在法定期限内双方均未上诉。

【引发思考】

某航空公司为何会败诉？本案中发生了航班延误后，米华丰等人的哪些权益受到了侵犯？某航空公司应承担怎样的法律责任？

【深度解析】

此案是依据《民用航空法》确定航班延误时旅客与航空公司法律责任的典型案例，涉及的主要问题是，在航班延误的情况下，航空公司是否承担责任，以及如何承担责任。在本案中，米华丰等人于 6 月 12 日从大连出发去太原，直到 6 月 13 日 21 时 10 分到达太原，即便是没有约定运输时间，也已经大大超出了一般情况下完成该项运输所需的合理时间。可以认为，某航空公司迟延履行其义务，其行为已经构成违约。

《中国民用航空旅客、行李国内运输规则》第四条规定："承运人的航班班期时刻应在实施前对外公布。承运人的航班班期时刻不得任意变更。但承运人为保证飞行安全、急救等特殊需要，可依照规定的程序进行调整。"

在始发地大连由于天气原因航班延误及在经停地天津由于机械故障导致延误的情况下，承运人向乘客提供了膳宿。可以说，承运人已按《中国民用航空旅客、行李国内运输规则》第五十七条（由于机务维护、航班调配、商务、机组等原因，造成航班在始发地延误或取消，承运人应当向旅客提供餐食或住宿等服务）、五十八条（由于天气、突发事件、空中交通管制、安检及旅客等非承运人原因，造成航班在始发地延误或取消，承运人应协助旅客安排餐食和住宿，费用可由旅客自理）和五十九条（航班在经停地延误或取消，无论何种原因，承运人均应负责向经停旅客提供膳宿服务）的规定履行了自己的义务。但是，《中国民用航空旅客、行李国内运输规则》还有如下规定。

第十九条："航班取消、提前、延误、航程改变或不能提供原定座位时，承运人应优先安排旅客乘坐后续航班或签转其他承运人的航班。"

第二十三条："航班取消、提前、延误、航程改变或承运人不能提供原定座位时，旅客要求退票，始发站应退还全部票款，经停地应退还未使用航段的全部票款，均不收取退票费。"

第六十二条："航班延误或取消时，承运人应根据旅客的要求，按本规则第十九条、第二十三条的规定认真做好后续航班安排或退票工作。"

根据上述规定，在承运人违反合同，履行迟延的情况下，如果严重影响旅客行程的，旅客有权利解除合同，承运人有义务全额退还票款。在运输途中发生停滞的，旅客也可以要求就尚未履行的部分解除合同，但对于承运人已经履行运输义务的部分则一般不能要求解除合同。另外，旅客也可以要求安排改乘其他班次，承运人应当根据旅客的要求做出妥善安排。

在本案中，承运人没有优先安排乘坐后续航班或签转其他承运人的航班，并且在乘客提出退票的情况下，也只是给以天津为始发站的乘客退了票，没有满足其他乘客的要求。承运人违反了《中国民用航空旅客、行李国内运输规则》有关的规定，应承担相关责任。

在本案中，确实发生了航空法意义上的"延误"，因为超出了合理的运输时间。但是，乘客必须证明这种延误给其造成了经济上的损失，否则，承运人不承担赔偿责任；而承运人要想免除其责任，则要证明其已经采取一切必要措施以避免损失的发生，或者不可能采取此种措施。从案情来看，承运人虽然采取了一些措施，并且天气原因和机械故障均可构成免责条件，但是承运人并未采取所有的措施，如没有给乘客改签航班，在乘客要求退票时，拒绝退票，因此，承运人应承担相关责任。

本案判决的每人 200 元并不是通过计算乘客在等候另一航班过程中所支出的特殊费用等得出的，也无其他法律依据，因此只能说是一种情理上的补偿，不是法律意义上的赔偿。

（资料来源：http://www.carnoc.com/txtm/article/711.html）

13.2　机票超售

机票超售是指航空公司的每一航班实际订座大于飞机客舱内可利用的座位，即旅客定票后并未购买或购票后在不通知航空公司的情况下放弃旅行，从而造成航班座位虚耗。为了满足更多旅客的出行需要和避免航空公司座位的浪费，航空公司会在部分容易出现座位虚耗的航班上，进行适当的超售。这种做法对旅客和航空公司都有益，也是国际航空界的通行做法。例如，一架 100 个座位承运量的航班，航空公司对 100 个座位可能接受 103 个预订。因此当一名旅客手持机票来到机场办理乘机手续时，就有可能因为航班的超售满员而被拒绝登机。

13.2.1　机票超售的原因

为什么会出现机票超售呢？主要是为了避免座位虚耗。座位虚耗的原因主要有以下 5 个方面。

1）旅客购买机票并订好座位，却没有按约定的时间前往机场办理登机手续。

2）旅客可能同时与多家机票代理联系购票，各家代理都订座，无意中造成重复。本来订座系统很容易发现并取消同一航班上的重复订座，但如果是不同航班重复订座发现就比较困难。

3）旅客由于乘坐另一航空公司或同一航空公司的航班，由于延误等原因而错过衔接航班。

4）航空公司不要求旅客"再证实"座位。

5）航空公司代理人的虚假定座等。

如果航空公司遇到不出票的问题，航空公司将会通过超售来解决。通过超售，配载的比例会被提高，从而降低费用。同样，超售使得更多的旅客可以按照自己选择的航班旅行。如果航空公司不实行超售，将只能根据飞机上座位的实有数目进行预订。这样就将出现许多不出票的情况，而航班在座位尚有空缺的情况下起飞。

13.2.2　机票超售的法律性质

旅客从航空公司或其代理人处购买了机票，旅客与航空公司之间就形成了航空旅客运输合同法律关系。我国《合同法》规定，客运合同自承运人向旅客交付客票时成立，但当事人另有约定或者另有交易习惯的除外。合同成立后，承运人应当在约定期间或者合理期间内将旅客、货物安全运输到约定地点。承运人应当按照客票载明的时间和班次运输旅客。承运人迟延运输的，应当根据旅客的要求安排改乘其他班次或者退票。如果由于航班超售的原因，导致持有机票的旅客不能搭乘合同约定的时间和班次的航班，是对合同义务的违反，即违反了合同规定的履行时间。具体可分为以下两种情况。

其一，如果航空公司为旅客改签下一航班，从合同法的角度看，属于迟延履行。迟延履行是指在履行期之后的履行，或者说是违反履行期的违约行为。对合同履行期的违反，按照期限在合同中的作用不同，将发生不同的后果。如果履行期对于合同目的的实现具有实质意义，如圣诞礼物应在圣诞前送到，如果在圣诞后才送到，将使合同的履行对当事人没有意义，在这种情形下，当事人一方有权拒绝受领并主张解除合同。在期限并非合同的实质要件的情况下，则对方不得主张解除合同。

从航空法的角度来看，是航空运输的延误。延误是指未能在合理时间内将旅客送到目的地。旅客、行李或者货物在航空运输中因延误造成的损失，航空公司应当承担责任；但是，承运人证明本人或者其受雇人、代理人为了避免损失的发生，已经采取一切必要措施或者不可能采取此种措施的，不承担责任。根据上述法律规定，航空公司有义务为旅客安排改乘其他班次。

其二，如果航空公司未能按照客票载明的时间和班次运输旅客，也未能根据旅客的要求安排改乘其他班次，是对合同的不履行，构成根本违约。对此，旅客有权利要求解除合同并赔偿损失。

13.2.3　机票超售的解决方法

1. 事先告知

乘客在购买机票之时，航空公司必须告知乘客机票存在"超售"，买与不买的决定权在乘客自己。

2. 事后赔偿

所有因机票"超售"而被拒载的旅客有权获得经济赔偿，那些不急于出行的旅客可以选择放弃其座位以换取赔偿金。

3. 航班超售的赔偿范围

航班超售的赔偿范围问题，可以以我国《合同法》第一百一十三条、一百一十四条和一百一十九条的规定为依据来解决。

我国目前还没有法律法规来规定航班超售后对被拒载旅客的补偿办法。在实践中，我国一些主要航空公司在对航班超售问题进行探索和调查的基础上，制定了自己的航班超售处理规定。除安排食宿外，给旅客支付赔偿金。航空公司在支付赔偿金后，要求旅客填写非自愿弃乘赔偿及免责书，申明把赔偿金视为弃乘而引起或可能引起的一切索赔要求、费用支出及损失的最终解决。

案 例 分 析

南方航空机票超售案

【案例描述】

2006年7月21日，肖先生以1300元的价格向南航购买了当日20点10分飞往广州的CZ3112号航班7折机票。在办理登机手续时，南航子公司北京南航地面服务有限公司工作人员确认，肖先生机票为超售票，CZ3112号航班已满员，肖先生无法乘坐。南航地服公司先安排原告转签国航某航班，后发现该航班延误，遂将肖先生唤回，转签至南航公司CZ3110航班头等舱（机票价格为2300元）。在等候期间肖先生被安排在头等舱休息室休息，当日晚22时39分，肖先生乘坐CZ3110航班头等舱离港。

随后，肖先生将南航告上了法庭，认为其超售行为侵犯了消费者知情权，构成欺诈，要求南航双倍赔偿原告经济损失，即机票款的2倍2600元、并在报纸上进行公开赔礼道歉。

【引发思考】

什么是机票超售？航空公司在发生机票超售后应如何保障乘客的合法权益？

【深度解析】

航空旅客运输合同在承运人向旅客出票时起即告成立，并同时生效。即使由于航空运输对天气、技术、仪器等的高度依赖，导致起飞时间、航行路线及到达时间、地点等因素在合同履行中会发生变更，但并不影响航空客运合同的生效。双方之间的航空客运合同属于消费性服务合同，根据《消费者权益保护法》的规定，除与《民用航空法》特别规定相冲突的之外，均应当予以适用。

"超售"使购票的旅客均面临不能登机的风险，导致合同履行障碍，因此，超售行为不止是航空公司内部的管理手段。航空机票"超售"引入我国的时间较短，还没有在公众中形成广泛认知，航空公司有义务将"超售"的规则向旅客进行明确、全面、充分的告知。中国民航总局关于"超售"的网页说明，欠缺普及性和明确性，几乎无法让不特定的社会公众广泛了解。因此，即使存在《航空旅行指南》的超售说明，也不能免除航空公司的告知义务。南航的行为显然损害了旅客的知情权。

航空公司基于市场竞争等考虑，客观上未予披露告知机票超售的事实，但并非主观进行虚假宣传或故意隐瞒，因此，南航的这一行为不构成欺诈。南航虽然在事发后安排原告转乘其他航班，但已延误近 3 小时，构成履行迟延，应当承担违约责任。履行迟延后被告主动提高服务标准，仅能视为履行原合同义务，不能免除其本应承担的违约责任。关于赔偿数额，应考虑乘客另外安排出行、延长候机承受的身体劳顿、南航因超售增加客源的收益，应判令赔偿金为相当于单倍机票的价格。

法院最后判决被告南航给付肖先生违约赔偿金 1300 元，同时驳回了原告的其他诉讼请求。

在该案宣判后，法院向被告中国南方航空股份有限公司和中国民航总局发出司法建议函。建议南航今后在售票区域张贴关于超售的书面说明或者发放记载相关内容的服务指南，在公司网站上增加相关说明，在机票的书面注意事项中增加关于超售的提示，在进行超售的航班机票中应使用特殊标记向旅客公示。

若因超售将有乘客被溢出无法登机的，法院表示航空公司应当征求全部旅客的意见，建议根据自愿，选择弃乘旅客；制定对弃乘旅客的救济措施，包括弃乘旅客的合同解除权和信赖利益的赔偿标准，改乘旅客的经济补偿标准，赔偿和补偿标准应当根据迟延的时间和航班里程确立不同的幅度。

法院还建议中国民航总局作为行业主管部门，应承担起制定规则的责任。尽快制定航空客运机票超售的规章制度并指导航空运输企业适用，规则中内容包括航空承运人向旅客进行公示的方法、选择登机乘客的方法（以乘客自愿为首要原则）、对不能登机乘客的具体赔偿标准、违反实施规则时的行政处罚措施。

（资料来源：http://news.ccaonline.cn/Article/2007-04-25/151838_1.shtml）

本 章 小 结

本章通过对民航热点问题——航班延误和机票超售现象的详细介绍，使学生在掌握两个问题涉及的法律知识的基础上，能够在以后的工作中树立自觉维护法律、法规，关注和保护乘客正当权益的服务意识，并且能够主动地履行服务职责，有效杜绝和妥善化解因航班延误和机票超售引发的法律纷争。

思考与练习

1. 乘客谢某购买了某航空公司 MU5195 航班的机票，该航班从上海虹桥机场飞往内蒙古呼和浩特机场。航班原定于当天 14 时 35 分起飞，然而，该航班实际延误了 5 小时 37 分钟，于 20 时 07 分从虹桥机场起飞。在候机时间，乘客们得到了机场提供的饮料和晚餐，但谢某等认为，航空公司并未向乘客提供退票或改乘其他航班的服务，也未告知本次航班延误的真实原因，因此，他以违约为由，将航空公司告上法院，要求该航空公司公开赔礼道歉，并赔偿其经济损失人民币 500 元、精神损失 500 元。

航空公司认为，此次航班延误系天气原因所致，而非调度不当。航班延误后其已履行了告知义务，并提供了晚餐和饮料，要求法院驳回谢某的诉讼请求。

问：航班延误之后，旅客应享有哪些权利？你认为在本案中航空公司应该怎样做才能避免旅客提出诉讼？

2. 丁旅客投诉：6 月 30 日乘坐某公司上海—北京航班，计划下午 5 时起飞，不知什么原因，上飞机后在机舱里足足等了 3 个小时，晚上 8 时才起飞。按道理起飞后 100 多名乘客 10 时半可到北京，在路途中乘务员突然宣布北京有雷雨，不能降落，于是改道飞往太原，到太原机场已是晚上 11 时，他们没让我们下飞机。大家在客舱里等得不耐烦了，快到 12 时才把我们带到候机室，于是又开始了漫长的等待。从 12 时一直等到凌晨 2 时半这时才告知这班飞机取消了。他们把我们送到旅馆已是凌晨 3 时多了，并告诉旅客早上 6 时半飞回北京。我们洗了个澡，根本没有睡觉，5 时就得起床，因为是 6 时半的飞机，还要赶往机场，于是吃过早点等候巴士。结果巴士姗姗来迟，6 时半才开过来，7 时到了机场，但没有找到所说的飞机。询问工作人员是哪个航班，他们说："那架飞机已经飞走了。""飞走了为什么不把我们带走？"原来那架飞机是跑另外一条航线去了而不是飞往北京。真是气愤、着急！100 多人都在前台询问，强烈要求找主管领导，工作人员就一问三不知，搪塞我们。我们再三询问经理的电话。最后，号码是给了，但现场好多人打过去，对方都说打错了，电话是假的。等到上午 11 时左右，有人过来宣布：此航班取消，你们自己想办法回北京，坐车也好、飞机也好，每人给 300 元。现场 80 名左右的中国同胞无奈接受了，另外 20 多名外籍人士不接受。他们耽误了我们的时间，就我个人来讲，带了很多海鲜、熟食、水果，这些都不能食用了，并且我在 1 日要上班，结果人还在太原。折腾了 14 个小时，最后宣布不走了，真的无法接受 300 元的打发，于是我要维护我们旅客的合法权益。

问：发生航班延误后，根据法律的相关规定，航空公司的上述哪些做法不符合法律的规定？如果你是航空公司的工作人员，你认为应该怎样做才能维护旅客的合法权益？

3. 6 日下午 3 时 20 分许，乘客李先生来到流亭机场，打算乘坐 A 航的 SC4621 次青岛—大连—长春的航班，该航班是下午 4 时起飞。李先生到机场后，排队换取登机牌，可是，轮到他换牌的时候，柜台工作人员却告诉李先生，飞机已经满员了，他坐不了这趟飞机。

李先生要求他们做出进一步解释。对方又称"机票超售了"，李先生看着自己手中的机票，感觉有些不可思议。他同时发现，与自己有同样遭遇的还有三四名乘客，他们都在一旁填单据。

"既然已经满员，为什么还要卖票给我们？"李先生表示质疑，要求对方领导出面做出合理解释。过了一会儿，对方一负责人出面说，只能换成最早一次航班的机票，并进行相应补偿。下午4时30分许，李先生经过考虑，接受了某航的补偿办法：补偿200元，晚上安排食宿，全额退票并换乘晚上10时50分的航班。

"我每天的活动都是有计划的，结果有票却坐不上飞机，计划全被打乱，以后谁还敢相信航空公司啊？"李先生气愤地说，"A航说这是正常的营销策略，可航空公司凭什么以牺牲旅客的利益来保全自身的利益？"

问：1）何谓"机票超售"？

2）根据国际惯例，机票超售后，航空公司应采取何种措施来应对？

3）本案中A航要求李先生只能改签下趟航班是否合理？为什么？

4）李先生的行程计划被打乱，应该由谁负责，为什么？

5）你认为在售票时应该为旅客提供怎样的服务，才能避免因机票超售引发纠纷？

6）根据法律的规定，机票超售后，航空公司应如何对旅客进行补偿，才能够避免旅客进行投诉？

参 考 文 献

曹三明，夏兴华．1996．民用航空法释义．沈阳：辽宁教育出版社．

崔祥建，吴菁，成宏峰．2007．民航法律法规与实务．北京：旅游教育出版社．

董杜骄，顾琳华．2007．航空法教程．北京：对外经济贸易大学出版社．

董杜骄．2009．航空法案例评析．北京：对外经济贸易大学出版社．

董念清．2001．航空法判例与学理研究．北京：群众出版社．

董念清．2007．中国航空法·判例与问题研究．北京：法律出版社．

郭莉．2010．民用航空法概论．北京：航空工业出版社．

贺富永．2008．航空法学．北京：国防工业出版社．

刘伟民．2001．航空法教程．2版．北京：中国法制出版社．

王小卫，吴万敏．2007．民用航空法概论．北京：航空工业出版社．

吴建瑞．2005．航空法学．北京：中国民航出版社．

邢爱芬．2007．民用航空法教程．北京：中国民航出版社．